Schweizerische Konferenz der
Gleichstellungsbeauftragten (Hrsg.)

Von alten Bildern und neuen Tönen

Eine Untersuchung
gebräuchlicher Sprachlehrmittel

Qualitätsstandards
zur Gleichstellung in Lehrmitteln

Von alten Bildern und neuen Tönen
Hrsg.: Schweizerische Konferenz der
Gleichstellungsbeauftragten
Lehrmitteluntersuchung:
Alexandra Capeder, Zürich
Redaktionelle Bearbeitung der Untersuchung,
Unterrichtsvorschläge, Leitfaden:
Annamarie Ryter, Basel
Übrige Texte:
Annamarie Ryter, Ingrid Rusterholtz, Basel
Abbildungen aus den Schulbüchern:
mit freundlicher Genehmigung der Lehrmittelverlage
Gestaltung und Satz:
Stefan Düblin, Basel
Umschlagfoto:
Dominik Labhardt, Basel
Druck: Passen Druck, Zürich
Vertrieb:
Kantonale Drucksachen- und Materialzentrale (KDMZ)
8090 Zürich
Bestellungen:
KDMZ Formularverlag, Räffelstrasse 32, 8090 Zürich
Fon 01/468 68 87, Fax 01/468 68 69, E-Mail kdmz@zh.ch
ISBN: 3-9520712-5-0

Inhalt

Vorwort

Sind die heutigen Schulbücher aktuell? Werden Mädchen und Jungen mit den gängigen Lehrmitteln auf die Welt von heute und morgen vorbereitet? Erhalten sie eine breite Palette von Vorbildern, die sie ermutigen und befähigen, den Weg zu wählen, der ihren individuellen Fähigkeiten und Neigungen entspricht?

Die Gleichstellungsbüros der deutschsprachigen Schweiz sind diesen Fragen nachgegangen. Eine Untersuchung von sechs Sprachbüchern wurde in Auftrag gegeben mit dem Ziel herauszufinden, inwiefern die gesellschaftlichen Veränderungen der letzten Jahrzehnte in den heute verwendeten Schulbüchern ihren Niederschlag gefunden haben und wie Mädchen und Jungen darin dargestellt werden.

Wir wollten aber nicht nur wissen, ob sich die veränderte Realität in den gängigen Schulbüchern spiegelt, wir wollten die Ergebnisse der aktuellen Untersuchung auch als Grundlage nutzen, um der stetig wiederkehrenden Schulbuchdiskussion eine neue Richtung zu geben. Um einen positiven Beitrag zu leisten, haben wir einen Leitfaden mit Qualitätsstandards zur Gleichstellung entwickelt, damit künftig mehr von der Umsetzung der Gleichstellungsstandards die Rede ist als von Lehrmitteln, die Mädchen und Jungen ungleich zum Zug kommen lassen.

Die vorliegende Publikation richtet sich an ein breites Zielpublikum: an die Verantwortlichen in Lehrmittelkommissionen, Bildungsinstitutionen und Verlagen, an die Lehrmittelschaffenden und natürlich an die Lehrkräfte sowie an interessierte Eltern. Die Lehrkräfte sind besonders angesprochen, sind sie es doch, die oft mit Schulbüchern arbeiten müssen, die ungleiche Chancen fortschreiben. Sie sind es auch, die gefordert sind, im Unterrichtsalltag im Sinne von Gleichstellung und Chancengleichheit zu wirken.

Wir hoffen, mit diesem Buch engagierte Lehrkräfte anzuspornen, Lehrbücher einzufordern, die Mädchen und Jungen gleiche Chancen einräumen: hier und jetzt. Und wir sind überzeugt, den für die Lehrmittel verantwortlichen Gremien und Einzelpersonen mit dem Leitfaden und den Qualitätsstandards zur Gleichstellung ein Instrument in die Hand zu geben, das ihnen erleichtert, dieser Forderung nachzukommen. Ihnen allen wünschen wir eine spannende Lektüre!

Viele haben zum Gelingen dieses Buches beigetragen: Alexandra Capeder, Sozialpädagogin, hat die Sprachbücher unter die Lupe genommen und nach Strich und Faden ausgezählt. Ursula Huber, lic. phil. I, hat die Untersuchung begleitet und immer wieder produktive Fragen gestellt. Dr. phil. I Annamarie Ryter hat den Text redaktionell bearbeitet und die Vorschläge zum Umgang mit den teilweise unbefriedigenden Lehrmitteln hinzugefügt; sie hat auch die Qualitätsstandards und die ersten Kapitel entworfen. Ingrid Rusterholtz hat das ganze Buch überarbeitet, Marie-Louise Barben das Lektorat übernommen. Die Mitglieder der Arbeitsgruppe der Schweizerischen Konferenz – Marie-Louise Barben (BE), Barbara Guntern Anthamatten (VS), Charlotte Habegger-Zumbühl (LU), Sabine Kubli Fürst (BL), Ingrid Rusterholtz (BS) und Kathrin Schafroth (ZH) – haben die Vorarbeiten geleistet und das Projekt eng begleitet. Ihnen allen danken wir für ihre grosse Arbeit.

Schweizerische Konferenz
der Gleichstellungsbeauftragten — Liestal, Mai 1999

1. Einleitung

Was macht ein Schulbuch, ein Sprachlehrmittel aus, das die Bezeichnung *aktuell* verdient? Ein zeitgemässes Lehrbuch spiegelt den gelebten Alltag der Kinder und Jugendlichen, die mit ihm lernen sollen. Es nimmt Veränderungen auf und bereitet auf zukünftige Realitäten vor.

War beispielsweise die Kleinfamilie vor 30 bis 50 Jahren praktisch die einzige oder jedenfalls die weitest verbreitete Familienform, so sieht der Alltag für die heutigen Kinder höchst unterschiedlich aus. Neben der Kleinfamilie gibt es eine Vielzahl von Lebensformen, die nebeneinander existieren: Kernfamilien, Einelternfamilien, Paare ohne Trauschein, Fortsetzungsfamilien, Wohngemeinschaften, Singlehaushalte usw. Die Normalbiografie, in der die wichtigsten Stationen eines Lebens klar vorgegeben sind, wurde abgelöst von der Individualbiografie. Die verschiedenen Ausprägungen von Weiblichkeit und Männlichkeit sind im Wandel, einst allgemein verbindliche Verhaltensnormen lösen sich nach und nach auf. Doch trotz der gelebten Vielfalt halten sich in den Köpfen hartnäckig die alten Bilder. Scheint beim Begriff Familie nicht ganz automatisch in der Vorstellung die klassische Kleinfamilie auf? Oder anders gefragt: Sind die verschiedenen Lebensformen und -realitäten in der Vorstellung genauso präsent wie im wirklichen Leben? Erscheinen sie tatsächlich nebeneinander als verschiedene Varianten gelebter Wirklichkeit? Oder doch eher als eine Art Spezialform, gewissermassen als Abweichung von der Norm? Ist es nicht weiterhin so, dass trotz der Vielfalt gelebter Lebens- und Familienformen klar ist, was eine *richtige Familie* ist, wie etwa Kinder zu sagen pflegen? Wir stellen jeden Tag fest: Die Rollenmuster, die Zuständigkeiten im konkreten Alltag haben sich nicht massgeblich verändert. Trotz unterschiedlicher Lebensmodelle sind individuelle Lebensentwürfe und -realitäten nach wie vor entscheidend geprägt von der Geschlechtszugehörigkeit. Bilder und Sprache geben nicht nur Wirklichkeit wieder, sie schaffen sie auch.

Wie sieht also die *Welt von heute* in den gängigen Lehrmitteln, kurz vor der Jahrtausendwende und rund zwanzig Jahre nach der Verankerung des Gleichstellungsartikels in der Bundesverfassung aus? Wie zeigen sie Wirklichkeit, wie schaffen sie Wirklichkeit? Gilt immer noch, was Untersuchungen aus den Achtzigerjahren belegten, dass nämlich die Schulbücher überwiegend antiquierte, klischeehafte Bilder von Männlichkeit und Weiblichkeit vermitteln und insbesondere Mädchen benachteiligen? Gibt es noch heute Lehrbücher, in denen Frauen weitgehend auf die Rolle der Hausfrau festgelegt sind? Gibt es noch solche, die gar sexistische Stellen enthalten und die dennoch von staatlichen Instanzen empfohlen werden? Zu fragen ist damit auch: Inwiefern ist die in früheren Untersuchungen formulierte Kritik von den Autorinnen und Autoren neuer Lehrmittel aufgenommen worden? Kann mit den jetzigen Lehrmitteln ein gleichberechtigter aktueller und zukunftsgerichteter Unterricht für Mädchen und Jungen gestaltet werden?

Untersucht wurden Ende 1997 / Anfang 1998 sechs offiziell empfohlene Sprachlehrmittel aus der deutschen Schweiz: drei Erstlesebücher und drei Sprachbücher der Sekundarstufe I für das achte Schuljahr. Hinter dem Entscheid für die Untersuchung von Büchern dieser beiden Altersgruppen standen folgende Überlegungen: In der ersten Klasse stehen die Kinder am Anfang ihrer Schulzeit, im ersten Kontakt mit dem Bildungs- und Sozialisationsort Schule. Das Erstlesebuch ist für sie eines der ersten Schulbücher, die eine Weltdeutung vermitteln, und von daher zentral.

Im achten Schuljahr, gegen Ende der obligatorischen Schulzeit, steht für die Jugendlichen eine wichtige Entscheidung an: die Berufswahl oder der Übertritt in eine weiterführende Schule. In dieser Zeit ist es von besonders grosser Bedeutung, welche Bilder von Berufstätigkeit, Lebensmodellen und Alltagsrealitäten für Mädchen und Jungen entworfen werden.
Die sechs untersuchten Schulbücher gingen aus dem folgenden Verfahren hervor: In allen Deutschschweizer Kantonen mit einem Gleichstellungsbüro wurde bei den zuständigen Stellen nach den *am meisten verwendeten empfohlenen Sprachlehrmitteln für die 1. und für die 8. Klasse der Sekundarstufe I* gefragt. Wurde für die jeweilige Altersstufe mehr als ein Lehrbuch angegeben, wurde nochmals nach dem am meisten verwendeten gefragt. Es zeigte sich, dass einige der genannten Bücher in mehreren Kantonen empfohlen und eingesetzt werden, wodurch sich eine eigentliche Auswahl erübrigte. Es ergaben sich die folgenden Schulbücher für die Untersuchung: die Erstlesebücher *Das Buchstabenschloss* (1996), *Tobi-Fibel 1* (1992), *Lesen Sprechen Handeln* (1992); auf der Sekundarstufe I die Sprachlehrmittel *Schweizer Sprachbuch sieben/acht*, Ausgabe B (1993), *Welt der Wörter 2* (1997), *Deutsch für Dich 2* (1996).

Die vorliegende Publikation ist so aufgebaut, dass die verschiedenen Zielgruppen mühelos dort mit der Lektüre einsetzen können, wo sie besonders angesprochen sind. In den Kapiteln zwei und drei sind die Fragen und Perspektiven sowie die wichtigsten Resultate der Untersuchung im Überblick festgehalten. Im vierten Kapitel folgt der Leitfaden mit den Qualitätsstandards zur Gleichstellung für die an der Produktion von Lehrmitteln Beteiligten. Die Standards für die Lehrmittelschaffenden richten sich auch an die Lehrkräfte, die für den eigenen Unterricht Materialien erstellen.

Der Leitfaden ist die konstruktive Antwort auf die Untersuchung. Hier werden die Konsequenzen aus der Untersuchung für die Zukunft gezogen. Die Gleichstellungskonferenz ist der Meinung, dass die Qualitätsstandards von den zuständigen Instanzen des Bildungswesens für die Erarbeitung künftiger Lehrmittel als verpflichtend zu erklären sind. Mit der konsequenten Umsetzung des Leitfadens wäre das Ende aufwendiger Mehrarbeit für eine aktuelle Unterrichtspraxis in Sicht; und ebenso der Anfang des Schulbuchs der Zukunft, das in Einklang mit der Bundesverfassung steht. Im fünften Kapitel finden Lehrerinnen und Lehrer in Ergänzung zum Leitfaden Anregungen und Ideen für einen verbesserten Umgang mit den vorhandenen, besonders auf der Sekundarstufe I unbefriedigenden Lehrbüchern. Im sechsten und im siebten Kapitel wird die Untersuchung ausführlich vorgestellt. Hier ist eine spezifische Vertiefung an konkreten Themen möglich – und erwünscht. Lehrkräfte werden vermutlich insbesondere an den Ergebnissen jenes Buches interessiert sein, mit dem sie selber arbeiten (müssen). Für eine rasche Übersicht ist bei jedem Lehrmittel zu Beginn das Wichtigste auf einen Blick zusammengefasst. Zu jedem untersuchten Buch finden sich ferner am Schluss einzelne konkrete Anregungen für den Unterricht.

Die Aufgabe, Mädchen und Jungen einen geschlechtergerechten Unterricht zu bieten, erscheint vielen Lehrkräften als „Zusatzaufgabe". Bezogen auf die Mehrarbeit, die unzulängliche Lehrmittel verursachen, ist dies auch zutreffend. Genauer betrachtet wirkt sich der Einsatz für Chancengleichheit und Gleichstellung jedoch letztlich entlastend aus, wie hier kurz veranschaulicht sei: Jüngere Untersuchungen aus der Bildungsforschung, aber auch Ergebnisse aus der parteilichen Jungenarbeit belegen, dass Jungen aus ihrer Vorzugsstellung nicht nur Vorteile erwachsen, sondern auch Defizite und Stress. Die Stichworte heissen etwa Schulversagen, Disziplinprobleme, Gewalt. Diese Auswirkungen sind offensichtlicher und daher ungleich gegenwärtiger als die Überforderung und die Ängste, die ihnen häufig zu Grunde liegen und die viel zu tun haben mit unrealistischen revisionsbedürftigen Männlichkeitsbildern. Kurz: Alles, was im Unterricht kontinuierlich auf gleiche Chancen, einen gleichwertigen Umgang zwischen Mädchen und Jungen angelegt ist, trägt einerseits zur Verbesserung der Situation der Mädchen, zur Gleichstellung bei, andererseits aber auch zur Entlastung der Jungen; und damit zur Entlastung des Unterrichts, der Lehrerin, des Lehrers. Das gilt auch für geschlechtergerechte Schulbücher und Zusatzmaterialien.

2. Von Prinzessinnen und Jägern

Fragen und Perspektiven der Untersuchung

„...Und wenn Nella ihr erzählt, dass sie zwei arme Prinzessinnen waren, auf der Flucht vor den Jägern der Königin, wird (ihre Mutter) Jacquo bestimmt noch wütender und sagt, dass Nella verdammt noch mal dieses ständige Prinzessinnen-Spielen lassen soll und lieber überlegen, ob es nicht viel mehr Spass macht, einmal selber der Jäger zu sein. Das kennt Nella schon, und leider macht es ihr kein bisschen mehr Spass. Aber das kann sie Jacquo nicht erklären. Jacquo findet auch Latzhosen schöner als Kleider."

(aus: Kirsten Boie, *Nella Propella*, 1994)

Der kurze Ausschnitt aus einem Kinderbuch ist äusserst aufschlussreich: Das Mädchen Nella spielt gerne die verfolgte Prinzessin, eine Rolle, die von ihrer Mutter Jacquo vehement abgelehnt wird. Diese wünscht sich eine Tochter, die ihre aggressiven Anteile gerne auslebt und die Rolle des Jägers oder vielmehr der Jägerin übernimmt. Und Nella weiss das auch. Damit befindet sie sich in einer verzwickten Situation: Spielt sie nun die forsche Jägerin, löst sie sich äusserlich von traditionellen Geschlechterzuweisungen. Sie erfüllt damit aber vor allem die Erwartungen ihrer Mutter und handelt eben gerade nicht eigenständig. Spielt sie die rettungsbedürftige Prinzessin, verhält sie sich zwar traditionell, aber indem sie diese Rolle gegen den Willen der Mutter wählt, emanzipiert sie sich.

Fragen über Fragen

Was ist Nella hier zu wünschen, was allenfalls Jacquo? Was haben Nella und Jacquo überhaupt mit dieser Untersuchung zu tun? Die kurze Szene versetzt uns mitten in eine zentrale Fragestellung, die sich als die schwierigste überhaupt herausstellen sollte. Sie kreist rund um die Stichworte Vorbilder und Autonomie. Deshalb nochmals von vorne, denn Nella und Jacquo eignen sich hervorragend, die Fragestellung darzulegen, um die es geht:
Nella spielt gerne Prinzessin. Na und? Mädchen spielen nun einmal gerne Prinzessinnen, das ist doch bekannt. Wo liegt das Problem? Wohl eher bei der Mutter als beim Kind. So werden manche vielleicht auf die kleine Geschichte reagieren. Vielleicht stört Jacquo aber vor allem der Umstand, dass Nella gerne eine arme, verfolgte Prinzessin spielt? Und womöglich ist Jacquos Aversion gegen diese Rolle nicht aus der Luft gegriffen, sondern im konkreten Leben begründet? Jacquo wünscht sich eine Tochter, die sich übt in Rollen, die Durchsetzungskraft verlangen, was nicht nur Spass machen soll, sondern auch stark und selbstbewusst. Ist diese Jacquo egozentrisch oder ist sie eine fürsorgliche weitsichtige Mutter? Jedenfalls kennt Nella ihre Wünsche, doch an der Jägerin hat sie kein bisschen Spass.

Der Ausgang der Geschichte ist offen. Was ist also gefragt? Anpassung oder Widerstand? Und welche Anpassung, welcher Widerstand ist gemeint? Die Anpassung an die Mutter oder an die Geschlechterrolle, die aus der rettungsbedürftigen Prinzessin spricht? Was zählt mehr? Der Widerstand gegen die Mutter oder jener gegen die Fortschreibung weiblicher Abhängigkeit, der aus Jacquo spricht? Wer möchte abschliessend entscheiden, ob es nun *richtig* ist, wenn sich Prinzessin Nella weiterhin selbstbestimmt verfolgen lässt? Oder eher *richtig*, wenn sie sich fügt und dadurch vielleicht doch noch auf den Geschmack kommt, wie befreiend sich Unabhängigkeit anfühlen kann? Wer möchte über Jacquo befinden, die vielleicht ein Wunschbild erfüllt haben möchte, vielleicht aber auch im Spielwunsch der Tochter eine Rollenerfüllung sieht, die ihr Sorgen bereitet?

Diese zentrale Fragestellung, die während der Untersuchung immer wieder aufgetaucht ist, löst eine Reihe weiterer Fragen aus: Welche Vorbilder soll ein modernes Lehrmittel für Mädchen und Jungen bereithalten, damit sie mit ihren individuellen und kollektiven Voraussetzungen gleichermassen gefördert werden? Welche Ansprüche soll und muss ein Lehrmittel erfüllen, damit es dem Prinzip der Gleichstellung entspricht? Oder anders formuliert: Was bedeutet die Umsetzung von Gleichstellung und Chancengleichheit auf der Ebene des Schulbuches? Ist es sinnvoll, dass ein aktuelles Lehrmittel vor allem neue, eher atypische Rollenbilder vermittelt und damit einen Kontrapunkt zu den anderen, häufig veralteten, mit Klischees durchzogenen Büchern setzt? Sollen Mädchen vor allem furchtlose Jägerinnen und Piratinnen sein und Jungen schöne, verfolgte Prinzessinnen – nicht doch, Prinzen natürlich –, die sich von starken Frauen befreien lassen? Dürfen in einem Lehrmittel, das der Gleichstellung von Mädchen und Jungen verpflichtet ist, Mädchen hilflose Prinzessinnen sein, geblümte Kleider und lange blonde Haare tragen? Sind solche traditionellen Zuschreibungen gänzlich zu vermeiden oder geraten Kinder dadurch in eine paradoxe Situation? Was bewirkt eine bewusste Umkehr traditioneller Rollen überhaupt bei Kindern und Jugendlichen? Werden sie damit zu neuen Verhaltensmustern ermutigt? Oder werden sie gerade abgestossen? Werden sie verunsichert? Und wäre das „kontraproduktiv“ oder eher heilsam?

Die Antwort ist nicht Umkehrung der Rollen, sondern Durchmischung. Vielfalt heisst das Schlüsselwort. In der Vielfalt sind sowohl traditionelle als auch atypische Rollenbilder enthalten. Erst in der Auseinandersetzung mit konkreten Beispielen aus den einzelnen Lehrmitteln kristallisierte sich heraus, was beim Umgang mit der facettenreichen Problematik, die uns Nella und Jacquo vorführen, zu beachten, was zu vermeiden ist.

Grundsätze und Perspektiven

Einige Grundsätze, an denen sich empfohlene Lehrmittel zu messen haben, waren von Anfang an unbestritten – zum Beispiel der Sprachgebrauch. Chancengleichheit bedeutet sprachliche Gleichbehandlung, das heisst, dass beide Geschlechter in der Sprache sichtbar sind. Untersucht wurde deshalb, ob in den Sprachbüchern eine geschlechtergerechte Sprache verwendet wird, ob Mädchen und Frauen explizit angesprochen werden. Dies ist mit *Paarformen* möglich. Es können Vollformen sein, also z.B. *Schülerinnen und Schüler,* oder Kurzformen, *SchülerInnen* oder *Schüler/innen. Geschlechtsneutrale* Wörter wie *Kinder*, *Jugendliche* oder *geschlechtsabstrakte* Wendungen wie *Lehrkraft* sind ebenfalls möglich. Nicht geschlechtergerecht ist hingegen das generische Maskulinum, z.B. *Schüler*, als Bezeichnung für *Schülerinnen* und *Schüler*. Daran ändert auch eine *Legaldefinition* nichts, also ein Vermerk irgendwo am Anfang des Buches, die männliche Form gelte für beide Geschlechter. Dass es nicht (an)geht, Prinzen als Prinzessinnen zu bezeichnen, hat auch umgekehrt zu gelten: Prinzessinnen sind keine Prinzen, Schülerinnen sind keine Schüler. Dies gilt auch, wenn Mädchen nicht danach verlangen, weil sie sprachliche Diskriminierung gewohnt sind.

Zur Chancengleichheit und Gleichstellung in Lehrmitteln gehört auch, dass Mädchen und Jungen, Frauen und Männer ungefähr gleich oft vorkommen und beide Geschlechter sowohl in Haupt- wie in Nebenrollen auftreten. Bei jedem untersuchten Schulbuch wurden die Figuren auf Bildern und in Texten nach Geschlecht ausgezählt – ebenso die Autorinnen und Autoren und andere an der Entstehung des Lehrmittels Beteiligte. Dahinter stehen nicht nur Vorstellungen von zahlenmässiger Ausgewogenheit, sondern auch pädagogische Überlegungen: Mädchen sollen erfahren, dass sie genauso im Zentrum stehen dürfen wie Jungen, dass sie ebenso wichtig sind wie Jungen. Jungen sollen merken, dass ihnen nicht per se die attraktiveren Rollen zustehen, sie sollen erleben, dass sie nicht immer dominieren müssen und dass das gelegentlich ganz schön entlastend sein kann. Hinter Mädchen und Frauen zurückzustehen, hat nichts Ehrenrühriges an sich. Im Übrigen ist es Teil der Realität in der Schule wie im Alltag, dass andere manches besser können – Mädchen und Jungen, Männer und Frauen. Männliche Überlegenheitsansprüche nähren sich auch aus Schulbüchern. Sie sind eine Zumutung für die Mädchen, und sie belasten die Jungen, die meinen, sie einlösen zu müssen. Lehrmittel, in denen das männliche Geschlecht quantitativ und qualitativ vorherrscht, untermauern solche wirklichkeitsfremden, aber verbreiteten Vorstellungen und Ansprüche.

Ein weiteres wichtiges Augenmerk der Untersuchung galt der Frage, inwiefern Jungen und Mädchen, Frauen und Männer in traditionellen Rollen oder klischeehaft gezeichnet werden – also in gängigen Bildern, die abgegriffen wirken. Der stärkere Begriff *stereotyp* wird verwendet, wenn Frauen und Männer als unveränderbar und gemäss hartnäckig überlieferten Vorurteilen dargestellt werden. Dabei sind die Bezugspunkte Eigenschaften, Charakterzüge, Merkmale und Verhaltensweisen, wie sie traditionellerweise Frauen und Männern zugeschrieben wurden und teilweise noch werden. Als Orientierung gelten die so genannten „Geschlechtercharaktere", wie sie sich im letzten Jahrhundert herausgebildet haben beziehungsweise konstruiert worden sind. Demnach ist ein Junge stereotyp dargestellt, wenn er (nur) rational, stark, mutig, durchsetzungsfähig, technisch begabt usw. ist. Beim Mädchen gilt dies, wenn sie (nur) sanft, emotional, anpassungsfähig, fürsorglich usw. gezeigt wird. Als stereotyp wäre auch das Familienbild mit dem Zeitung lesenden Vater und der strickenden Mutter zu bezeichnen, wie es tausendfach in Kinderbüchern reproduziert worden ist und noch wird. Weil bei einigen Zuschreibungen die Ansichten auseinander gehen dürften, inwiefern es sich um Klischees handelt oder eben nicht, sind jeweils Beispiele aufgeführt. So können sich die Leserinnen und Leser ihre eigene Meinung bilden.

Folgende Bereiche wurden insbesondere auf Stereotype untersucht:
Die Welt der Kinder: Wie sehen Mädchen und Jungen aus, wie sind sie gekleidet? Mit welchen Spielen beschäftigen sie sich? Wie sind die Beziehungen untereinander dargestellt?
Mütter und Väter, Familienbilder: In welchen Rollen kommen Männer und Frauen im Alltag vor? Wem wird Hausarbeit, wem Erwerbsarbeit zugeordnet? Welche Fähigkeiten und Eigenschaften haben Mütter und Väter? Welche Familienformen werden gezeigt?
Lebensplanung und Berufswelt: Welche Berufe kommen vor? Inwiefern sind diese geschlechtsspezifisch zugeordnet? Welche Identifikationsangebote – berufliche und ausserberufliche – erhalten Mädchen und Jungen?

Als Gegenpart, als positive Auflösung von *traditionell* stehen in der Untersuchung Begriffe wie *unkonventionell*, *neu*; als konstruktive Alternativen von *stereotyp* werden die Formulierungen *ei-*

genständig, individuell, vielfältig gebraucht. Mit den eben erwähnten Begriffen ist auch die Grundhaltung der Autoren und Autorinnen umrissen, die in den Büchern zum Ausdruck kommt. Ein Lehrmittel, das überwiegend traditionelle und stereotype Rollenmuster reproduziert, widerspricht dem Prinzip der Gleichstellung und damit der Bundesverfassung. Ein empfohlenes Lehrmittel hat zumindest der gesellschaftlichen Realität zu entsprechen. Es darf aber auch ein Stück Zukunft vorwegnehmen, ein Stück Utopie entwerfen und damit eine pädagogische Absicht verfolgen. Am Beispiel der Berufswelt heisst das: Im Hinblick auf Gleichstellung soll nicht nur der Status quo – also die Ungleichheit – abgebildet werden. Es ist wichtig, Mädchen und Jungen durch Vorbilder in Lehrmitteln zu einer eigenständigen und ihren individuellen Fähigkeiten und Neigungen entsprechenden Berufswahl zu ermutigen. Das bedeutet, dass alle – Mädchen wie Jungen – auch Vorbilder in allen Berufen finden und folglich eher eine (vorläufig noch) unkonventionelle Entscheidung in Betracht ziehen. Es geht darum, das Spektrum der Jugendlichen zu erweitern und ihnen zu vermitteln, dass der Beruf der Elektrotechnikerin ebenso denkbar ist wie jener des Kindergärtners. Das Lehrmittel soll die Vielfalt der Möglichkeiten aufzeigen und diese *allen* Jugendlichen zugänglich machen.

Gerade diese letzten Überlegungen gelten auch für die Integration von Migrantinnen und Migranten. Bei der Untersuchung wurde immer wieder exemplarisch überprüft, inwiefern eingewanderte, fremdsprachige Kinder und Jugendliche in den Schulbüchern vorkommen und Vorbilder finden. Auf eine systematische Analyse von multikulturellen Aspekten wurde hingegen verzichtet. Neben der komplexen Thematik der Gleichstellung konnte die vielschichtige und oft heftig geführte Diskussion um eine wirkungsvolle multikulturelle Pädagogik nicht angemessen aufgenommen werden. Sie ist andernorts weiterzuführen; selbstverständlich unter einer geschlechterbewussten Optik.

Vielfältig, zukunftsorientiert, weltoffen, zu Eigenständigkeit und Individualität anspornend, so ist ein aktuelles Lehrmittel, das den Veränderungen der letzten Jahrzehnte Rechnung trägt und ein gleichberechtigtes Bild von Frauen und Männern vermittelt. Es kann jedoch nicht darum gehen, neue Einschränkungen und Stereotype zu schaffen. Auch in einem modernen Lehrmittel dürfen also noch Hausfrauen und Vollzeit berufstätige Männer vorkommen. Neben sie sollen Frauen treten, die eine berufliche Karriere verfolgen, und Männer, die Teilzeit arbeiten oder die ganze Haus- und Betreuungsarbeit leisten. Entscheidend ist auch der Kontext, sind die Wertungen. Positive und negative Aspekte sind bei Chefinnen, Teilzeitern, Migrantinnen und Vätern zu finden – und abzubilden. Durchwegs positiv dargestellte unkonventionelle Mädchen zum Beispiel wären genauso grotesk und wirklichkeitsfremd wie durchwegs starke und mutige Jungen. Entscheidend ist also die Vielfalt: an Identifikationsfiguren, an Charakteren traditioneller und unkonventioneller Ausprägung, an möglichen Lebensentwürfen. Dahinter steht das Selbstverständnis einer Pädagogik, die vom Prinzip der Gleichheit in Bezug auf Rechte, Chancen und Möglichkeiten ausgeht, die aber geschlechtsspezifische, kulturelle und individuelle Verschiedenheit zulässt und akzeptiert. Es geht um eine gleichberechtigte Vielfalt.

Bezogen auf die kleine Geschichte zu Beginn dieses Kapitels heisst das: Nella soll Prinzessin spielen, wenn sie Lust dazu hat. Es ist ihr ein Schulbuch zu wünschen, das sie ermuntert, neue Rollen auszuprobieren, und ihr zugleich Mut macht, zu ihren Vorlieben zu stehen und ihre Wünsche durchzusetzen. Ein solches Lehrbuch würde wohl auch Jacquo begrüssen.

3. Von Mottenkisten und Rosinen

Die wichtigsten Resultate der Untersuchung

Um es gleich vorwegzunehmen: Es bleibt noch viel zu tun.
Mädchen und Jungen finden in den untersuchten Sprachlehrmitteln nicht in vergleichbarem Mass Identifikationsangebote – kein Buch erfüllt alle Standards zur Gleichstellung. Dies ist ein ebenso wichtiges wie ernüchterndes Resultat der Untersuchung.
Zwischen den einzelnen Büchern gibt es allerdings grosse Unterschiede. In einigen Lehrmitteln war es erklärtes Ziel der Autorinnen und Autoren, auf Chancengleichheit zu achten; und doch haben sich subtile Geschlechterstereotype eingeschlichen (*Schweizer Sprachbuch sieben/acht*, 1993; *Das Buchstabenschloss*, 1996). In anderen sind geschlechtsspezifische Stereotype die Regel, Frauen und Mädchen sind in Bild und Text deutlich untervertreten oder kommen kaum vor. Dort finden sich auch klar frauenfeindliche und diskriminierende Stellen (*Deutsch für Dich 2*, 1977/1996*; *Welt der Wörter 2*, 1984/1997). Was diese Bücher anbelangt, sei auf die ausführliche Untersuchung im letzten Kapitel verwiesen, hier soll nicht näher auf sie eingegangen werden.
Für eine weiterführende Betrachtung sind vor allem die positiven Ansätze interessant. Bei einigen Schulbüchern ist die gute Absicht, Gleichstellungsfragen zu berücksichtigen, deutlich spürbar, aber dies allein genügt nicht. Wie es bei einem Physiklehrbuch selbstverständlich ist, physikalisches Fachwissen einzubeziehen, muss es

* Die erste Jahrzahl gibt das Erscheinungsjahr an, die zweite verweist auf die letzte (untersuchte) Ausgabe des Lehrmittels.

in Zukunft ebenso selbstverständlich werden, die Sachkompetenz in Gleichstellungs- und Chancengleichheitsfragen einzuholen. Dies kann sowohl durch externe Beratung und Begleitung geschehen als auch mittels Schulungen der Lehrmittelschaffenden durch Expertinnen oder Experten.

Die Unterschiede zwischen den untersuchten Lehrmitteln lassen sich vor allem mit drei Beobachtungen verknüpfen:

- Die drei neueren Werke – *Das Buchstabenschloss*, 1996, *Schweizer Sprachbuch sieben/acht*, 1993, und *Tobi-Fibel 1*, 1992 – erfüllen signifikant mehr Standards zur Gleichstellung als die drei älteren Titel *Welt der Wörter 2*, 1984/1997, *Lesen Sprechen Handeln*, 1980/1992, und *Deutsch für Dich 2*, 1977/1996.
- Die Erstlesebücher sind insgesamt weniger diskriminierend als die Sprachbücher der Sekundarstufe I.
- Wo Frauen als Lehrmittelschaffende kaum vertreten oder überhaupt nicht beteiligt waren, entsprechen die Lehrwerke den Standards zur Gleichstellung nicht.

Dass die drei neueren Lehrmittel aus der Untersuchung dem Prinzip Gleichstellung näher kommen als die Bücher aus den 70er- und 80er-Jahren, stimmt hoffnungsvoll. Die zweite Feststellung – Erstlesebücher sind mädchenfreundlicher – lässt auf den ersten Blick vermuten, auf der Unterstufe habe ein vergleichsweise grösserer Bewusstseinswandel stattgefunden. Die Vermutung liegt nahe, dass dieses Ergebnis auf den Einfluss von Frauen zurückzuführen ist. Frauen achten in der Regel bewusster auf Geschlechterfragen, hier auf Ausgewogenheit in Beiträgen und Darstellungen und eine geschlechtergerechte Sprache. Frauen waren bei der Erarbeitung der untersuchten Erstlesebücher deutlich stärker vertreten als bei den Lehrwerken der Sekundarstufe I. Es ist allerdings zu berücksichtigen, dass zwei der drei Bücher für den Schulanfang auch zu den neueren Lehrmitteln gehören. Weshalb auf der Oberstufe ältere Bücher empfohlen werden als auf der Unterstufe, wäre noch zu deuten. Sind vorwiegend solche Lehrmittel im Angebot? Oder spielt bei der Auswahl beziehungsweise Empfehlung dieser Bücher das Kriterium Gleichstellung eine bescheidenere Rolle als auf der Unterstufe? Jedenfalls zeigt sich deutlich, wie wichtig die Mitarbeit beider Geschlechter ist. Dennoch garantiert eine ausgeglichene Beteiligung von Frauen und Männern an der inhaltlichen Produktion eines Lehrmittels noch nicht per se eine ausgewogene Darstellung der Geschlechter im Schulbuch (vgl. etwa *Lesen Sprechen Handeln*). Die Auswertung der neueren Bücher legt nahe, dass es eine gezielte Orientierung der Lehrmittelschaffenden an Qualitätsstandards für Chancengleichheit und Gleichstellung braucht. Dies ist das wichtigste Fazit aus der Untersuchung. Daran schliesst die Forderung an, die sich aus der Auseinandersetzung mit den heute verwendeten Büchern aufdrängt: *Die zuständigen Instanzen des Bildungswesens haben die Gleichstellungsstandards für die Erarbeitung künftiger Lehrmittel als verpflichtend zu erklären.* Ausgesprochen diskriminierende Lehrmittel sollen nicht länger von einzelnen Kantonen empfohlen werden dürfen.

Wo aber stehen jene Bücher der Untersuchung, die in den 90er-Jahren herausgekommen sind, die sozusagen die aktuelle Situation repräsentieren (*Tobi-Fibel 1*, 1992; *Schweizer Sprachbuch sieben/acht*, 1993; *Das Buchstabenschloss*, 1996)?

Die anschliessende Auflistung verweist auf Fakten und Tendenzen, die sichtbar geworden sind. Zu finden sind sowohl „Rosinen" als auch Reminiszenzen aus der „Mottenkiste":

- Offensichtlich frauenfeindliche Stellen kommen nicht vor.

- Die verwendete Sprache ist grösstenteils geschlechtergerecht, abgesehen von vereinzelten Wendungen.
- In der Erlebniswelt der Kinder und Jugendlichen wird ein breites Angebot von Verhaltensweisen vermittelt. Damit wird das Spektrum im Hinblick auf Gleichstellung erweitert, Mädchen und Jungen werden ermuntert, neue Möglichkeiten zu erproben. Geschlechtsspezifische Stereotype kommen in diesem Bereich kaum vor.
- Jungen werden kaum neue innovative Verhaltens- und Lebensmuster – in Ergänzung oder als Alternative zum traditionellen Männlichkeitskonzept – angeboten. Sie finden insgesamt signifikant weniger neue attraktive Identifikationsmöglichkeiten und vielfältige, auch unkonventionelle Vorbilder als Mädchen.
- Bei der Darstellung von Erwachsenen kommen mehrheitlich traditionelle Zuschreibungen vor. Die Familien- und Hausarbeit wird (fast) nur von Frauen geleistet. Väter sind Abwesende oder/und Berufstätige. (Eine Ausnahme bildet hier die *Tobi-Fibel 1*; dieses Erstlesebuch ist eine Geschichte über Fabelwesen und daher in verschiedener Hinsicht speziell.)
- Auch das modernste Lehrmittel der Sekundarstufe I präsentiert die Berufswelt als männlich dominiert und benachteiligt damit die Mädchen klar.
- Das traditionelle Kleinfamilienmodell ist nach wie vor das einzige dargestellte, Hinweise auf andere Familienformen fehlen fast durchwegs. Damit bleibt die gesellschaftlich reale Vielfalt moderner Lebensformen ausgespart.
- Kinder und Jugendliche aus anderen Kulturen, die Deutsch als Zweitsprache sprechen, kommen nur am Rande vor. Die multikulturelle Durchmischung entspricht der Wirklichkeit bei weitem nicht.
- Positive und erfolgreiche ausländische Identifikationsfiguren fehlen ganz.

Die neueren untersuchten Schulbücher erfüllen insgesamt deutlich mehr Standards zu Chancengleichheit und Gleichstellung als Bücher aus früheren Untersuchungen. Trotzdem sind einengende und subtile Zuschreibungen immer noch vorhanden. Entsprechende Beiträge oder Passagen sind bei zukünftigen Überarbeitungen und Neuerscheinungen unbedingt zu vermeiden. Texte, die Bestandteil des Kulturgutes sind, wie etwa Märchen oder literarische Kurzgeschichten, lassen sich selbstverständlich nicht einfach verändern (der eine oder andere Text lässt sich aber bestimmt ersetzen). Auf solche Beiträge kann und soll nicht verzichtet werden. Bei ihrer Verwendung ist aber auf Verschiedenes zu achten: etwa darauf, wie sie im Lehrmittel platziert sind, das heisst, dass sie eingebettet sind in für Mädchen ansprechendere Texte; darauf, dass sie in einem angemessenen Verhältnis zu modernen geschlechtergerechten Beiträgen stehen, das heisst mit respektvoller Zurückhaltung verwendet werden. Für die Arbeit mit solchen Texten empfiehlt sich der Einsatz von Zusatzmaterialien.

Mit den im folgenden Kapitel formulierten Qualitätsstandards zur Gleichstellung wird den verschiedenen Instanzen, die für die Überarbeitung vorhandener und die Konzeption neuer Lehrmittel zuständig sind, ein Instrument in die Hand gegeben, um diese Aufgabe künftig erfolgreich anzugehen. Damit ist ein weiteres wichtiges Resultat dieser Untersuchung angesprochen, das noch nicht explizit benannt, implizit aber wohl längst deutlich geworden ist: Selbst noch so differenzierte Analysen – davon gibt es bereits einige – vermögen nicht zu bewirken, dass die anstehenden Veränderungen auf der Umsetzungsebene tatsächlich eingeleitet werden. Es bedarf offenbar konkreter Handlungsanweisungen, damit der Schritt von der Erkenntnis zur Tat in der Praxis in allen inhaltlichen Bereichen getan wird. Unsere Antwort auf die Ergebnisse der Untersuchung sind die Standards im Leitfaden, die eigens entwickelt worden sind, um den Lehrmittelverantwortlichen wie auch den Lehrkräften in ihrer konkreten Alltagsarbeit praktische Unterstützung bei der Umsetzung von Chancengleichheit und Gleichstellung zu bieten.

Abschliessend sei auf ein wichtiges Ergebnis verwiesen, das sich aufdrängte, ohne dass die entsprechende Fragestellung direkt Gegenstand der Untersuchung war. Obwohl nicht auf die Thematik des multikulturellen Zusammenlebens im Schulbuch ausgerichtet, kam in der Untersuchung rasch und unübersehbar zutage, dass Mädchen und Jungen aus zugewanderten Familien auch in den neueren Lehrwerken praktisch nicht vertreten sind. Deshalb werden auch einige wenige Standards zur Repräsentation fremder Kulturen in den Schulbüchern aufgeführt. Eine fundierte Auseinandersetzung mit diesem vielschichtigen Thema kann hingegen hier nicht geleistet werden. Bei der Erstellung künftiger Lehrmittel ist aber unbedingt eine Zusammenarbeit mit Expertinnen und Pädagogen verschiedener Herkunft erforderlich. Im Hinblick auf eine multikulturelle Pädagogik wären ebenfalls Standards zu formulieren – und dabei darauf zu achten, dass dies unter einer geschlechterbewussten und -gerechten Optik geschieht.

4. Leitfaden für die Erarbeitung neuer Lehrmittel

Qualitätsstandards zur Gleichstellung

Die Schweizerische Konferenz der Erziehungsdirektorinnen und -direktoren (EDK) hat 1993 Empfehlungen zur Gleichstellung von Frauen und Männern, von Mädchen und Jungen in der Schule erlassen. In diesen Empfehlungen heisst es unter anderem:

> *„Gleichwertigkeit im Unterricht*
> *Im Unterricht und in den Unterrichtsmitteln ist die Lebens- und Berufswelt beider Geschlechter offen und in ihrer Vielfalt zu behandeln.*
> *Lehrerinnen und Lehrer beachten die Gleichwertigkeit der Geschlechter in den Kommunikationsformen und im Sprachgebrauch."**

Diese Empfehlungen erhöhen die Anforderungen an Lehrkräfte, Lehrmittelkommissionen und -produzierende. Es braucht für die Erstellung und Evaluation neuer Lehrmittel klare Standards. Der Einbezug von Fachleuten ist in allen Phasen der Entwicklung und Herstellung erforderlich, auch bei Neuauflagen vorhandener Schulbücher. Nur so kann garantiert werden, dass bei der Neukonzeption beziehungsweise Überarbeitung eines Unterrichtsmittels den gesellschaftlichen Veränderungen im Sinne von Chancengleichheit und Gleichstellung Rechnung getragen und den Empfehlungen der EDK Folge geleistet wird.
Im folgenden Leitfaden werden solche Qualitätsstandards zur Gleichstellung formuliert: für Lehrmittelkommissionen, für Ver-

antwortliche in Bildungsinstitutionen und Verlagen und für Lehrmittelschaffende. Diese Standards sind von Zeit zu Zeit dem gesellschaftlichen Wandel anzupassen und zu überarbeiten.
Die Lehrerinnen und Lehrer sind auf die bestehenden Lehrmittel, die den Standards häufig nicht genügen, angewiesen. Ideen und Anregungen für Lehrkräfte, wie mit den gebräuchlichen Schulbüchern gearbeitet werden kann, sind im Kapitel 5 aufgeführt. Konkrete Einzelvorschläge finden sich zudem bei den einzelnen untersuchten Büchern.

---

* EDK: Empfehlungen für die Gleichstellung von Frau und Mann im Bildungswesen, 28. Oktober 1993; vgl. zudem EDK: Richtlinien zur sprachlichen Gleichbehandlung von Frau und Mann, 17. September 1992, und EDK: Ausschuss Lehrerbildung/Pädagogische Kommission. Gleichstellung in der Schule: Zur Ausbildung von Lehrerinnen und Lehrern, 20. September 1996

Standards für Lehrmittelkommissionen und Verantwortliche in Bildungsinstitutionen und Verlagen

Wer in irgendeiner Weise mit der Produktion von Lehrmitteln befasst ist, kennt die formalen und inhaltlichen Qualitätsstandards zur Gleichstellung:

- Bei der Zusammenstellung der Lehrmittelkommissionen, der Beratungsgruppen und der Teams der Autorinnen und Autoren wird auf eine ausgewogene Vertretung der Geschlechter geachtet.
- In jeder Lehrmittelkommission und Beratungsgruppe sind Personen vertreten, die über ausgewiesene Sachkompetenz in Gleichstellungsfragen verfügen.
- Die Autorinnen und Autoren erhalten zu Beginn der Arbeit die Qualitätsstandards zur Gleichstellung für Lehrmittelschaffende.
- Die Autorinnen und Autoren werden von den Auftraggebenden verpflichtet, die Standards zur Gleichstellung und die EDK-Empfehlungen von 1993 einzuhalten.
- Die Gleichstellungsstandards sind fester Bestandteil der Qualitätskontrolle. In jeder Phase der Produktion – von der Konzeptarbeit über die Bildauswahl bis zum Lektorat – ist sichergestellt, dass sie erfüllt sind.
- Falls in spezifischen Fachbereichen und zu speziellen Themen die Sachkompetenz in Gleichstellungsfragen nicht verfügbar ist, wird externe Beratung eingeholt.
- Wo wenig geschlechtergerechte Unterlagen, Texte, Forschungsresultate usw. vorliegen oder wenn solches Material nur schwer zugänglich ist, werden finanzielle Mittel bereitgestellt, um

diese Lücken zu schliessen, damit die Standards erfüllt werden können.

- Die Standards zur Gleichstellung gelten für Neuerscheinungen wie für Neuauflagen bestehender Unterrichtsmittel.
- Stellt ein Verlag ein neues Unterrichtsmittel ohne Lehrmittelkommission und Beratungsgruppe her, gelten die gleichen Standards zur Qualitätssicherung.
- Ein Lehrmittel, das von einem Verlag ohne Lehrmittelkommission und Beratungsgruppe produziert worden ist und den Gleichstellungsstandards nicht genügt, findet bei den Verantwortlichen in den Bildungsinstitutionen keine Abnahme.

Mit der Einhaltung dieser formalen Standards wird die Voraussetzung geschaffen, um die nachfolgend aufgeführten inhaltlichen Qualitätsstandards zur Gleichstellung zu erreichen.

Standards für Lehrmittelschaffende

Allgemeines

- Sexistische, rassistische oder in einer anderen Weise diskriminierende Materialien werden nicht in das Lehrmittel aufgenommen.
- In der Sprache werden beide Geschlechter ausdrücklich erwähnt (z.B. Schülerinnen und Schüler) oder mit geschlechtsneutralen Begriffen (z.B. Kinder) angesprochen. Das generische Maskulinum (z.B. „Schüler" für Schülerinnen und Schüler) wird nicht verwendet.
- Texte von Autorinnen und Autoren sind in vergleichbarer Zahl im Buch enthalten. Dasselbe gilt für das aufgenommene Bildmaterial.
- In Texten und auf Bildern kommen weibliche und männliche Figuren sowohl in Haupt- wie in Nebenrollen ausgewogen vor.
- Weibliche und männliche Personen sind gleichgewichtig in

höheren und untergeordneten Positionen, in attraktiven und undankbaren Rollen gezeigt.

- Themen und Bereiche, in denen Frauen im Zentrum stehen, sind von allgemeiner Bedeutung. Sie werden nicht in spezielle Kapitel „Frauen" beziehungsweise „Mädchen" verwiesen.
- Fachspezifische Aufgaben (Sprachübungen, Mathematikaufgaben, Physikexperimente usw.) beziehen sich auf die Erfahrungswelt beider Geschlechter. In den Beispielen kommen Frauen und Männer gleichermassen und in Tätigkeiten unterschiedlichen Anspruchgrads zum Zug.
- Texte, Bilder und Themenkreise spiegeln die kulturelle Vielfalt. Menschen aus anderen Kulturen kommen ohne besondere Betonung im Schulbuch vor.
- Die Schulbücher enthalten Werke von Autorinnen und Autoren aus verschiedenen Kulturkreisen.
- Bei Texten, die zum Kulturgut gehören und die sexistische und/oder rassistische Elemente enthalten (z.B. Märchen), ist im Schulbuch auf die Diskriminierung hingewiesen. Im Handbuch für Lehrkräfte sind Ideen zur Bearbeitung im Unterricht angeführt.

Die Welt der Kinder und Jugendlichen

- Mädchen wie Jungen werden bei einer Vielzahl von Beschäftigungen und Spielen gezeigt.
- Jungen wie Mädchen übernehmen Führungspositionen und bestimmen im Spiel oder in einer Handlung. Es sind Mädchen wie Jungen dargestellt, die sich anpassen, Streit schlichten, weinen, auf Abenteuer aus sind, für andere sorgen usw.
- Kinder sind unabhängig von ihrer Geschlechtszugehörigkeit charakterisiert. Es gibt wilde, eitle, ruhige, ängstliche, starke, kluge, freche und sanfte Jungen und Mädchen.

- Menschliche Eigenschaften, Fähigkeiten und Neigungen sind nicht geschlechtsspezifisch bewertet; ein durchsetzungsfähiges Mädchen wird ebenso positiv dargestellt wie ein anlehnungsbedürftiger Junge.
- Es werden unterschiedliche Beziehungen zwischen Kindern und Jugendlichen dargestellt: Mädchenfreundschaften, Jungenfreundschaften, Freundschaften zwischen Mädchen und Jungen. Es kommen auch enge, sensible und zärtliche Beziehungen zwischen Jungen vor.
- Auf Darstellungen und in Texten gibt es Kinder und Jugendliche aus anderen Kulturen. Diese Kinder weisen ebenfalls ein breites und von Nationalismen oder religiösen Zuschreibungen freies Spektrum von Verhaltensweisen und Eigenschaften auf.
- Im Buch sind Spiele und Tätigkeiten gezeigt, die nicht konkurrenzorientiert und auf Sieg und Niederlage ausgerichtet sind.

Mütter und Väter, Familienbilder

- Eine Vielfalt von Lebens- und Familienformen ist präsent: Kleinfamilien, allein erziehende Mütter und Väter, Fortsetzungsfamilien, Familien aus verschiedenen Kulturen, Frauen- beziehungsweise Männerpaare, Alleinlebende usw.
- Es werden verschiedene Modelle, wie Familien- und Erwerbsarbeit aufgeteilt werden kann, gezeigt. Es kommen Mütter und Väter vor, die Hausarbeit verrichten, Kinder betreuen, Konflikte schlichten. Es gibt berufstätige Mütter und Väter, die Teilzeit oder Vollzeit arbeiten.
- Kinder werden von verschiedenen Instanzen betreut: den Eltern, der Krippe, der Tagesmutter, den Grosseltern, im Tagesheim, von Bekannten usw. Diese verschiedenen Betreuungs- und Lebensformen sind gleichwertig und ohne besondere Hinweise dargestellt.

- Väter und Mütter haben Eigenschaften und Charakterzüge aus dem ganzen Spektrum von Möglichkeiten; Mütter sind nicht nur fürsorglich, Väter nicht nur streng usw.
- Probleme unter Familienmitgliedern sind in ihrer Vielschichtigkeit aufgezeigt und nicht als Folge eines bestimmten Familienmodells (und/oder der Herkunft). Probleme zugewanderter Familien werden nicht individualisiert, sondern in übergeordnetem Kontext thematisiert.

Lebensplanung und Berufswelt

- Die Familienarbeit und die Erwerbsarbeit sind gleichwertig behandelt.
- Die Vereinbarkeit von Familie und Beruf ist für beide Geschlechter thematisiert und problematisiert.
- Die unbezahlte Arbeit hat ihren eigenen Stellenwert. Sie wird nicht einem Geschlecht als Selbstverständlichkeit zugewiesen. Es wird transparent gemacht, wer zu Gunsten von wem unbezahlte Arbeit leistet.
- Vollzeit- und Teilzeitarbeit sind nicht geschlechtsspezifisch zugeordnet; neue Arbeitsmodelle werden diskutiert.
- Die Berufswelt von Männern und von Frauen ist gleichermassen vielfältig.
- Für Mädchen und Jungen wird ein breites Spektrum an Berufen aufgezeigt. Beide Geschlechter finden Identifikationsfiguren in verschiedenen, auch in heute noch atypischen Berufen vor (z.B. Ingenieurinnen, Kindergärtner).
- Frauen und Männer kommen ausgewogen in leitender Stellung, in qualifizierten und nichtintellektuellen Berufen und in untergeordneten Positionen vor.

Diskriminierung und Gewalt

- Diskriminierung und Ungleichheit sind ein Thema. Die Folgen werden benannt und problematisiert, Perspektiven für ein gleichberechtigtes Zusammenleben und eine gleichberechtigte Welt sind aufgezeigt.
- Die unterschiedliche Wahrnehmung und das Gesprächsverhalten von Mädchen und Jungen oder Frauen und Männern sowie der Sprachgebrauch sind Themen, an denen Diskriminierung und Ungleichheit bewusst gemacht werden. Anhand von Beispielen sind Wege zur Chancengleichheit in Gesprächen und Interaktionen aufgezeigt.
- Diskriminierung ist eine Form von Gewalt; dies wird anhand von Beispielen veranschaulicht und konkret erlebbar gemacht, z.B. Folgen geschlechtsspezifischer Arbeitsteilung, Ursachen stereotyper Zuschreibungen und deren unterschiedliche Konsequenzen für Frauen und Männer.
- Personale Gewalt ist in verschiedenen Erscheinungsformen und Relationen (Gleichaltrige, Erwachsene/Kinder usw.) unter geschlechterbewusster Optik thematisiert. Wege und Voraussetzungen zu konstruktiver Konfliktlösung werden skizziert.
- Auch bisher stark tabuisierte Formen von Gewalt (Gewalt gegen Frauen, sexuelle Ausbeutung) sind ein – subtil angegangenes – Thema.
- Der unterschiedliche Zugang zu Macht und Ressourcen verschiedener Gruppen (Frauen/Männer, Einheimische/Zugewanderte, Industrienationen/arme Länder) ist an Beispielen veranschaulicht. Es werden Modelle für eine gerechtere Verteilung entworfen.

5. Von Worten zu Taten

Standards für den Umgang mit bestehenden Lehrmitteln – Ideen und Anregungen für Lehrkräfte

Als Lehrerin oder Lehrer sind Sie auf die vorhandenen Schulbücher angewiesen, die jedoch – obwohl offiziell empfohlen – den Qualitätsstandards zur Gleichstellung oft nicht genügen. Gleichzeitig haben Sie den Anspruch, Ihre Schülerinnen und Schüler gleichwertig zu fördern und zu fordern. Das bedeutet Zusatzarbeit Ihrerseits. Doch sie lohnt sich, weil alles, was zur Chancengleichheit und Gleichstellung der Geschlechter beiträgt, letztlich allen Beteiligten – den Mädchen, den Jungen und auch Ihnen als Lehrperson – zugute kommt. Wir skizzieren hier einige Möglichkeiten, wie Sie einerseits die Mehrarbeit in Grenzen halten und andererseits zu einem konstruktiven und erleichterten Umgang mit den vorhandenen Lehrbüchern gelangen können, um die Situation heute schon zu verbessern und die Voraussetzungen im Unterricht Richtung Chancengleichheit zu verändern. Vielleicht liegt Ihnen auch daran, dass es nicht nur in Ihrem Unterricht, sondern generell vorangeht mit der Gleichstellung in den Schulen und in den Lehrmitteln. Auch hierzu finden Sie ein paar Hinweise.

Die im Folgenden zusammengestellten Anregungen und Ideen können verstanden werden als Standards auf einer konkreteren Ebene zur Umsetzung von Chancengleichheit und Gleichstellung im täglichen Unterricht.

Allgemeines

- Arbeiten Sie mit Kolleginnen und Kollegen zusammen, die das gleiche Lehrmittel benützen (müssen), teilen Sie die Arbeit untereinander auf, damit sich der Zeitaufwand in Grenzen hält.
- Regen Sie einen Austausch von geschlechtergerechten Zusatzmaterialien zum entsprechenden Lehrbuch an: in Ihrem Kollegium, mit weiteren Lehrkräften, die mit dem Buch arbeiten.
- Ziehen Sie für die eigene Arbeit und in Arbeitsgruppen Materialien bei, die speziell zum Themenkreis Chancengleichheit und Gleichstellung entwickelt worden sind.
- Geben Sie die Erarbeitung von geschlechterbewusst gestalteten Unterrichtseinheiten zu überholten Lehrmitteln als Fortbildungsprojekt, als Projekt zu Schulentwicklung oder Qualitätssteigerung ein.
- Deklarieren Sie diese Inhalte nicht als „frauenspezifisch", sondern als allgemeinen, der Gegenwart angemessenen Schulstoff.
- Packen Sie die Thematik möglichst lustvoll und mit Fantasie an: in der Klasse, im Kollegium, in der Weiterbildung. Bedenken Sie: Der erhobene Zeigefinger bewirkt bei kaum einem Thema so viel Abneigung wie bei diesem.

Wahl der Lehrmittel

- Berücksichtigen Sie bei der Wahl der Lehrmittel jene, die die Standards zur Gleichstellung erfüllen beziehungsweise am ehesten erfüllen. So ersparen Sie sich spätere Mehrarbeit.
- Nehmen Sie sich deshalb Zeit für die Durchsicht der empfohlenen Lehrbücher (oder zumindest für Stichproben) anhand der Qualitätsstandards im Leitfaden für Lehrmittelschaffende.
- Wenn Sie ein Lehrbuch *nicht* gewählt haben, weil es die

Standards zur Gleichstellung nicht erfüllt, teilen Sie dies dem Verlag, der zuständigen Lehrmittelkommission, den Erziehungsbehörden in Ihrem Kanton mit. Damit nehmen Sie direkt Einfluss auf die Erarbeitung künftiger Lehrmittel.

- Falls auf Ihrer Stufe, in Ihrem Fach kein Lehrmittel zur Verfügung steht, das (annähernd) den Standards zur Gleichstellung entspricht, verbessern Sie die Situation durch gezielten Einsatz des vorhandenen Lehrbuchs und durch zusätzliche Materialien.
- Bringen Sie dem Verlag und den weiteren zuständigen Stellen zur Kenntnis, wenn Sie mit einem unzulänglichen Lehrmittel arbeiten müssen, weisen Sie auch darauf hin, dass Ihnen das Mehrarbeit verursacht. Legen Sie am besten ein paar geschlechtergerechte Zusatzblätter zum Lehrbuch aus Ihrer Arbeitsgruppe bei.

Arbeit mit Zusatzmaterialien

Es gibt bereits Arbeitsmappen, Unterrichtshilfen, Spiele usw. zu verschiedenen Schwerpunktthemen im Gleichstellungsbereich für den direkten Einsatz im Unterricht.

- Nutzen Sie die vorhandenen Angebote, machen Sie in Arbeitskreisen darauf aufmerksam und regen Sie an, solche Unterrichtsmaterialien für das Kollegium anzuschaffen (vgl. S. 168).
- Lassen Sie sich bei der Aufbereitung von zeitgemässen Inhalten, beim Entwickeln eigener Beispiele, Übungen usw. unterstützen und inspirieren von den vorhandenen Arbeitsmaterialien zur Gleichstellungsthematik.
- Achten Sie bei der Erstellung eigener Beispiele, Übungen usw. stets *bewusst* darauf, dass Sie die Lebenswelten von Frauen und Männern, Mädchen und Jungen gleichermassen berücksichtigen – unabhängig vom Thema und in jedem Fach.

- Beachten Sie dabei, dass Menschen aus verschiedenen Kulturen in der Schweiz leben; bieten Sie *allen* Kindern eine Vielzahl von Identifikationsmöglichkeiten an.
- Suchen Sie gezielt Geschichten, Beispiele, Übungen usw., die neue Rollenbilder und Arbeitsaufteilungen als selbstverständlich vermitteln, z.B. starke Mädchen und fürsorgliche Jungen, Frauen in „Männerberufen", Männer bei der Hausarbeit, und die Kinder und Erwachsene aus anderen Kulturen zeigen.
- Nehmen Sie Inhalte auf, in denen die Welt von Mädchen und Frauen im Zentrum steht.
- Bezeichnen Sie weder diese Themen noch Ihre Zusatzmaterialien als „mädchenspezifisch", sondern als allgemeinen, der Gegenwart angemessenen Schulstoff.
- Verwenden Sie die geschlechtergerechten Unterrichtsmittel mit der gleichen Selbstverständlichkeit wie die Schulbücher.
- Beachten Sie die verschiedenen aufgeführten Aspekte auch bei der Auswahl (oder Herstellung) von Bildern, Fotos, Illustrationen.

Erweitern des Blickwinkels

Betrachten Sie gängige Themen aus einer erweiterten Perspektive, setzen Sie neue Schwerpunkte, die sowohl Jungen wie auch Mädchen ansprechen:

- Thematisieren Sie z.B. unter dem Titel *Berufswahl* nicht nur Berufe und Erwerbswelt, sondern etwa auch die unterschiedliche Vertretung von Frauen und Männern in gewissen Berufen, Fragen zur Lebensplanung, zur Vereinbarung von Familie und Beruf, zu bezahlter und unbezahlter Arbeit usw.
- Stellen Sie z.B. beim Thema Industrialisierung nicht die Entwicklung der Dampfmaschine ins Zentrum. Nehmen Sie – zusätzlich oder stattdessen – die Veränderung der Arbeitswelt und der

Familienstrukturen und die Konsequenzen für Männer und Frauen ins Programm auf.

- Überprüfen Sie bei jedem Sachthema, ob die im Lehrbuch vorgegebene Zugangsweise Jungen wie Mädchen entspricht. Ergänzen Sie gegebenenfalls – und lassen Sie dafür anderes weg.
- Versuchen Sie insgesamt, über einen längeren Zeitraum betrachtet, ungefähr ausgewogen auf Interessen, Prioritäten, Lebenszusammenhänge und Zugangsweisen von Mädchen und Jungen einzugehen.

Einseitige und diskriminierende Unterlagen

Einseitige und diskriminierende Darstellungen von Themen oder Personen werden nicht absichtlich in Schulbücher aufgenommen. Das geschieht eher aus Unachtsamkeit oder weil die versteckte Diskriminierung nicht als solche wahrgenommen wird.

- Achten Sie daher bewusst auf diese Problematik. Schärfen Sie Ihre Wahrnehmung und schulen Sie ihren Blick. Achten Sie z.B. darauf, dass in den verwendeten Materialien nicht eine ganze Gruppe auf ein Stereotyp festgelegt wird (z.B. die Jungen auf Abenteuerlust, die Mädchen auf Harmonie, die ausländischen Frauen auf patriarchale Familienstrukturen usw.).
- Gehen Sie über diskriminierende Passagen in Lehrbüchern nicht stillschweigend hinweg. Machen Sie die Klasse darauf aufmerksam und zeigen Sie auf, woher alte Muster und Stereotype kommen.
- Beachten Sie bei der Diskussion von diskriminierenden Inhalten, dass leicht eine Situation entstehen kann, die für die Mädchen unangenehm ist: Indem sie für eine gleichwertige Behandlung einstehen oder gar den Anspruch darauf verteidigen müssen, fällt ihnen nicht nur der Grossteil der Gesprächsarbeit zu,

sie können auch in eine Rechtfertigungsposition geraten (zumindest einem Teil der Jungen gegenüber).

- Gehen Sie solche Diskussionen daher stets mit grosser Sorgfalt an, damit die beanstandete Stelle im Schulbuch nicht im Unterricht reproduziert und die bestehende Geschlechterhierarchie bestätigt wird.
- Geben Sie Raum für Gespräche über einengende oder befreiende Auffassungen von Weiblichkeit und Männlichkeit, wenn die Kinder oder Jugendlichen solche Themen spontan aufbringen, auch wenn Sie das in der Vorbereitung nicht eingeplant haben.
- Lassen Sie die Schülerinnen und Schüler Materialien selber verändern: ergänzen, umschreiben, zerschneiden, neu zuordnen usw.
- Stellen Sie den Mädchen und Jungen das Thema Gleichstellung als Chance und Erweiterung ihrer Verhaltens- und Handlungsmöglichkeiten dar und nicht in erster Linie als Problem.
- Gestalten Sie die Arbeit abwechslungsreich und mit Fantasie – und die leichtgewichtigeren Themen mit Humor.

Interaktionen im Klassenzimmer

Die Qualitätsstandards zu Gleichstellung und Chancengleichheit in der Schule sind selbstverständlich nicht allein über die eingesetzten Unterrichtsmittel zu erreichen. Da es in diesem Buch jedoch vorrangig um die Gleichstellung in den Lehrmitteln geht, sind hier andere wichtige Punkte, namentlich aus dem Kommunikations- und Interaktionsbereich, lediglich noch kurz erwähnt.

Untersuchungen belegen, dass Mädchen und Jungen in koeduzierten Klassen ungleich viel Aufmerksamkeit bekommen (rund 1/3 zu 2/3). Halten Sie sich dieses Ergebnis in Ihrem Unterricht vor Augen. Es besagt, dass die Wahrnehmung einer ausgeglichenen, geschlechtergerechten Verteilung der Aufmerksamkeit trügt. Hier braucht es eine bewusste Korrektur.

- Machen Sie in Ihrer Klasse deutlich, dass alle Kinder gleiche Rechte haben – und halten Sie sich daran; schärfen Sie Ihre Sinne dafür.
- Stellen Sie sicher, dass in Ihrem Unterricht Mädchen und Jungen gleichermassen zu Wort kommen und ernst genommen werden, auch unter sich, nicht nur von Ihnen.
- Verwenden Sie eine geschlechtergerechte Sprache, sprechen Sie stets beide Geschlechter an, wenn Sie Schülerinnen und Schüler meinen; auch im Dialekt.
- Schaffen Sie in Ihrer Klasse den Rahmen, dass Mädchen wie Jungen verschiedenste Verhaltensweisen, Fähigkeiten und Neigungen leben dürfen, ohne ausgelacht oder auf andere Weise ausgegrenzt zu werden.
- Tolerieren Sie weder sexistische noch rassistische oder in anderer Weise diskriminierende Äusserungen.
- Thematisieren und problematisieren Sie Gewalt und Übergriffe von einzelnen Kindern und Jugendlichen gegenüber anderen – und sanktionieren Sie sie dezidiert.
- Sexuelle Gewalt von Schülern (selten von Schülerinnen) darf nicht bagatellisiert werden. Schauen Sie hin, schon in den Anfängen, setzen Sie sich – auch im Kollegium – für einen adäquaten Umgang mit dieser erst seit kurzem enttabuisierten Problematik ein. Die Auffassung, es handle sich dabei um eine entwicklungsbedingte Unbeholfenheit der Jungen, die nur die Nähe zum anderen Geschlecht suchen, widerspricht heutigen Erkenntnissen. Sie signalisiert Verständnis, wo klare Grenzen gesetzt werden müssen. Sie ignoriert das Opfer, wo eindeutige Parteinahme gefragt ist:
- Stellen Sie sich klar auf die Seite des betroffenen Kindes; es braucht Ihre Unterstützung und Ihre Hilfe.

- Ziehen Sie den Schüler zur Verantwortung für sein Handeln; machen Sie ihm deutlich, dass er die physische und psychische Integrität einer anderen Person verletzt hat und dies in jedem Fall inakzeptabel ist.
- Beanspruchen Sie Hilfe von Dritten, wenn es die Situation erfordert (Fachstellen gegen sexuelle Gewalt, Schulpsychologischer Dienst usw.).
- Ermuntern und unterstützen Sie Mädchen und Jungen, die sich gegen Ungerechtigkeiten und Ungleichheiten wehren.
- Sensibilisieren Sie die Klasse dafür, dass es ein Unterschied ist, zu petzen oder sich für andere einzusetzen, denen Unrecht angetan wird.

Schaffen Sie durch einen feinfühligen Umgang mit gleichen Rechten und Unrecht ein Klima der gegenseitigen Achtung.

6. Von kecken Mädchen und abwesenden Vätern

Die untersuchten Erstlesebücher

Der Titel sagt es: Auf Seiten der Mädchen hat sich einiges getan. Sie haben in den letzten Jahren an Profil und Terrain gewonnen. Die Erwachsenen in den untersuchten Erstlesebüchern, insbesondere die Väter, vermochten indessen nicht Schritt zu halten mit der flotten Entwicklung der Töchter. Die verkrusteten Rollenzuschreibungen werden jedoch zusehends aufgebrochen und dieser unverkennbare Trend lässt hoffen, dass der neue Schwung der Mädchen in absehbarer Zeit auch die Frauen, Männer und Jungen erfasst.

Die Untersuchung beginnt mit dem neuesten Buch. *Das Buchstabenschloss* ist 1996 erschienen, die *Tobi-Fibel 1* – das Erstlesebuch mit den freundlichen Fabelwesen – 1992. Dieses Lehrwerk ist in mancherlei Hinsicht schwierig an der realen Welt von heute zu messen. *Lesen Sprechen Handeln* ist ebenfalls 1992 erschienen, die Erstausgabe geht allerdings auf das Jahr 1980 zurück. Dies ist der 92er-Ausgabe immer noch deutlich anzumerken.

Herausgeber	Kurt Meiers
Autorinnen und Autoren	Marianne Frey-Kocher, Heidi Hofstetter-Sprunger, Annemarie Klinger-Schorr, Kurt Meiers
Beratung	Andrea Häfliger, Marc Ingber, Vreni Lüthi, Basil Schader, Annemarie Schneider-Plaz
Illustrationen, Gestaltung, Umschlag	Evi Juon
Redaktion	Karin Veit
Verlag	Klett und Balmer Verlag Zug
Erscheinungsjahr	1996

Das Wichtigste auf einen Blick

Das Buchstabenschloss erfüllt einige zentrale Standards zur Gleichstellung: Das Lehrmittel ist geschlechtergerecht formuliert und enthält, bezogen auf die Welt der Kinder, wenig stereotype Rollenvorgaben.
Im Handbuch (S. 13) steht, bei der Auswahl der Texte seien unter anderem „die ausgewogene Vertretung der beiden Geschlechter" und „die Vermeidung von Rollenklischees (Familie, Geschlechter)" wichtige Kriterien gewesen. Dies ist erkennbar. Mit vielen verschiedenen Übungen wird als Lernziel die Förderung eines breiten Handlungsspielraums angestrebt, auch unkonventionelle Tätigkeiten und Wünsche sind zugelassen. Die gewählten Themen und Figuren entsprechen oft Erfahrungen aus dem Alltag der Kinder und stellen deshalb geeignete Lernfelder dar.
Diese grundsätzlich positive Beurteilung muss in mehrerer Hinsicht relativiert werden. Die Autorinnen und Autoren haben ein Lehrmittel geschaffen, welches vor allem der Entwicklung und dem Bewusstseinsprozess bezüglich Mädchenrollen gerecht wird. Neue, noch atypische Spielräume und Handlungsweisen werden nämlich mehrheitlich bei Darstellungen von Mädchen aufgezeigt und seltener bei den Jungen. Diese erhalten deutlich weniger Angebote, ihr Handlungsspektrum zu erweitern. Auch fremdsprachige Kinder werden nicht gleichermassen angesprochen. Sie kommen zwar im Buch vor, sind aber weitgehend Randfiguren. Die Auflösung der traditionellen Rollenvorgaben findet zudem bei den Erwachsenen kaum statt. Die Vielfalt moderner Familienformen wird nicht abgebildet. Mütter und Väter verhalten sich nach gängigen Rollenvorgaben. Erwachsene sind insgesamt im Buch zwar Nebenfiguren. Aber weil Erwachsene für Kinder wichtige Identifikationsfiguren und Vorbilder sind, enthält *Das Buchstabenschloss* eine

versteckte Botschaft. Es kann zumindest so gelesen werden, dass sich Kinder – und vor allem Mädchen – zwar über geschlechtsspezifische Normen hinwegsetzen können, sich mit dem Erwachsenwerden aber auf die gängigen Rollenvorgaben zu besinnen haben. Im Hinblick auf Chancengleichheit fehlt für Jungen, für Männer und für Frauen eine breitere Palette von Rollenbildern.

Ausgezählt

Das Buchstabenschloss erreicht zahlenmässig die Standards zur Gleichstellung. Mädchen und Jungen, Frauen und Männer kommen ausgewogen vor. Alle Angaben beziehen sich auf das Lesebuch. Die Arbeitshefte wurden nicht in die Analyse einbezogen.

Wer war an der Produktion beteiligt?

(siehe Impressum)	Frauen	Männer
Autorinnen und Autoren	3	1
Illustrationen, Gestaltung	1	–
Beratung	3	2
Redaktion	1	–
Total	**8**	**3**

Wie viele Texte von Frauen und Männern kommen vor?

(Quellenangaben aus dem Lehrmittel)	Frauen	Männer
	11	15

Wer kommt wie oft auf den Bildern vor?

	Mädchen/Frauen	Jungen/Männer
Kinder (Fotos)	10	5
Kinder (Illustrationen)	44	44
Total Kinder	**54**	**49**
Erwachsene (Fotos)	–	1

Erwachsene (Illustrationen)	12	8
Total Erwachsene	**12**	**9**
Insgesamt	**66 (53%)**	**58 (47%)**

Auf den meisten Bildern sind beide Geschlechter vertreten. Ein Bild zeigt ausschliesslich einen Jungen, auf vier Bildern sind nur Mädchen dargestellt.

Wer kommt wie oft in den Texten vor?

	Mädchen/Frauen	Jungen/Männer
Kinder	28	30
Erwachsene	12	10
Total	**40 (50%)**	**40 (50%)**
Übungsbeispiele (ein Satz)		
Kinder	14	12
Erwachsene	4	5
Total	**18 (51%)**	**17 (49%)**

In neun Texten spielen weibliche und männliche Personen in etwa gleich wichtige Rollen, neun weitere handeln von Tieren. Während Mädchen in acht Texten eine führende Rolle innehaben, sind die Jungen in deren sechs die Hauptpersonen. Untersuchen wir nur die längeren Geschichten mit direktem Alltagsbezug (also z.B. ohne Märchen), so handelt lediglich eine Geschichte von Jungen, während fünf Geschichten in dieser Kategorie über Mädchen berichten.

Zur Sprache

Grundsätzlich ist das Lehrmittel geschlechtergerecht formuliert. Viele Texte sprechen die Kinder an, womit sich die Benützung von Paarformen wie Schülerinnen und Schüler erübrigt. Wo keine geschlechtsabstrakten Ausdrücke möglich oder sinnvoll sind, werden Paarformen verwendet.

Gleichberechtigung in der Welt der Kinder?

Gemäss Kommentar zum Lehrmittel wird bewusst auf stereotype Bilder und traditionelle Rollenzuweisungen verzichtet. Mädchen und Jungen sind mit unterschiedlichsten Eigenschaften dargestellt und es steht ihnen eine breite Palette an Handlungsmöglichkeiten zur Verfügung. Kinder mit fremden Namen und eher dunkler Hautfarbe kommen im Lehrmittel sowohl auf den Bildern wie in den Texten vor – allerdings in kleiner Zahl. Sie stammen vorwiegend aus Mittelmeerländern. Kinder aus weiter entfernten Kulturen (z.B. asiatische oder afrikanische) kommen nicht vor.

Die Illustrationen und Fotos zeigen Mädchen und Jungen zum Teil mit dem gleichen Spielzeug, bei der gleichen Betätigung, d.h., beide malen, spielen mit der Katze und lesen Bücher. Mädchen werden auch mit Gegenständen oder Spielzeug dargestellt, die nicht den gängigen Rollenmustern entsprechen, z.B. mit Bausteinen und Autos (S. 62, 63). Mädchen sind körperlich aktiv und nehmen Raum ein. Als Beispiel einer ausgewogenen und vielfältigen Darstellung sei ein Bild – vermutlich vom Pausenhof – erwähnt (S. 6): Ein Mädchen sitzt auf der Reckstange, eine zweite schlägt ein Rad, eine dritte spielt mit Papierschiffchen am Brunnen. Ein Junge sitzt ruhig am Boden und spielt mit der Katze und zwei weitere im Hintergrund werfen einander ein Frisbee zu. Das siebte Kind ist nicht eindeutig als Mädchen oder Junge zu identifizieren. Es fällt jedoch auf, dass Jungen nicht mit Spielsachen dargestellt sind, die früher als typisch für Mädchen galten. Im ganzen Buch findet sich z.B. kein Junge mit einer Puppe abgebildet.

Bezüglich Kleidern und Frisuren spiegelt das Lehrmittel die moderne Vielfalt. Mädchen tragen alles Mögliche, von Jeans bis zum geblümten Kleid. Die Haare sind kurz geschnitten oder fallen bis auf die Schultern. Jungen werden in Pullover oder Hemd dargestellt, die Haare sind meist kürzer als bei den Mädchen (was oft-

mals erst das Erkennen der Geschlechtszugehörigkeit ermöglicht). Frauen tragen sowohl moderne, bequeme wie auch elegante Kleider; und die Auswahl bei den Frisuren reicht vom frechen Kurzhaarschnitt bis zur langen Lockenpracht. Die Kinder mit fremdsprachigen Namen unterscheiden sich in den Kleidern nicht von den übrigen. Traditionelle Kleider fremder Kulturen (Kopftuch, Turban usw.) kommen nicht vor (S. 7, 64, 65).

Die Autorinnen und Autoren waren sehr darauf bedacht, Mädchen und Jungen in ausgeglichener Anzahl zu berücksichtigen. Deshalb handeln die meisten Texte jeweils von beiden Geschlechtern. Die Thematik Freundschaft wird im Lehrmittel mehrmals aufgegriffen und klar positiv bewertet. Dabei wird kein qualitativer Unterschied zwischen Mädchen- und Jungenfreundschaften gezeigt.
Die Kinder bewegen sich in einem breiten Handlungsspektrum und haben unterschiedliche Eigenschaften. Mädchen und Jungen verhalten sich dabei traditionell, aber ebenso atypisch.
Hier ein paar Beispiele:

- Einige Jungen spielen mit ferngesteuerten Autos, ein anderer geht einkaufen und bereitet mit seiner Schwester zusammen das Essen vor (S. 65).
- Ein Mädchen spielt am Computer, eine andere passt auf den kleinen Bruder auf (S. 65).
- Mädchen werden klug und aktiv dargestellt: Sie fotografieren „unermüdlich" und mit „Geschick" (S. 12, 13), ein Mädchen begründet fantasievoll, warum sie ihr Zimmer nicht aufräumen kann (S. 63). Ein Mädchen springt mitten durch die Pfütze. Im Bild ist zu erkennen, dass es dem Mädchen sichtlich Spass bereitet, der Text sagt lediglich aus, Maria sei nass (S. 18, 19). Ein Mädchen spricht durch das selbst gebastelte Jogurtbecher-Telefon, während der Junge ihr zuhört (S. 60, 61). Zweimal wird die Wut von Mädchen beschrieben.
- Jungen werden nicht dauernd in Bewegung, sondern auch in körperlich weniger aktiven Tätigkeiten dargestellt wie z.B. beim Malen, Lesen usw. Ein Junge backt mit einem Mädchen Brot und anderes Gebäck (S. 32, 80).

Solche unterschiedlichen und vielfältigen Rollen ermutigen Mädchen und Jungen, ihren Weg in einem breiten, abwechslungsreichen Spektrum von Möglichkeiten zu suchen.

Lernziel Eigenständigkeit oder der Mut zum Ungewöhnlichen

Das Lehrmittel enthält viele Übungen, die über das Schreiben- und Lesenlernen hinausgehen, die Kinder zum Nachdenken anregen sowie ihre Fantasie fördern. Anhand von verschiedenen Texten werden Kinder zu einer kritischen Auseinandersetzung und Meinungsäusserung aufgefordert, z.B.

- mit Texten, die die Spannung zwischen Selbstbestimmung und Fremdbestimmung zum Inhalt haben. So etwa die Geschichte eines Kindes, das sich in neuen Kleidern nicht mehr sicher ist, wer es ist. Dazu findet sich der Hinweis „Knabenkleider – Mädchenkleider früher und heute" zur Unterrichtsgestaltung (S. 67, Handbuch, S. 98 f).
- mit Texten, die dazu anregen, dass sich die Kinder äussern, was ihnen gefällt und was ihnen nicht gefällt – dies unter anderem auch in Bezug auf Märchen (S. 72, 73, Handbuch, S. 99).

In den Vorbemerkungen zum Kommentarband wird darauf verwiesen, dass sich der zweite Teil des Lehrmittels schwerpunktmässig mit Themen der Persönlichkeitsentwicklung beschäftigt. Aspekte dieser Entwicklung seien u.a. die „Auseinandersetzung mit den anders gelagerten Normvorstellungen der Erwachsenen (...) Selbstbehauptung (...) Bewusstwerden des Könnens, Wissens und der Bewältigung von Herausforderungen (...) das Sichbewusstmachen des eigenen Lebens (...) ganz besonders der vielschichtige Bereich der sozialen Beziehungen" (Handbuch, S. 96). Mit solchen Beiträgen werden Kinder ermutigt, ihr Leben selber zu gestalten und ihr Handlungsspektrum zu erweitern. In diesem Sinne sind die Texte emanzipatorisch und ermöglichen Auseinandersetzungen mit geschlechtsspezifischen Normen und Rollen.

Allerdings sind hier die Jungen benachteiligt. Obwohl auch sie atypische Rollenangebote erhalten, ist ihr Spektrum enger als jenes der Mädchen. Dies zeigt sich exemplarisch an der Übung mit dem

Titel „Wenn Oli, Lili, Maria und Tomi zaubern könnten..." (S. 36, 37). Sie handelt von den Wünschen der vier Kinder. Das Ziel ist, dass Mädchen und Jungen angeregt werden, auch unkonventionelle Wünsche zu äussern (Handbuch, S. 74). Mädchen können zwischen einem bunten „Kätzlein (...) mit roten Tätzlein" und einer Astronautin wählen, also zwischen einem kleinen, niedlichen Wesen und einem Beruf, der viel Mut erfordert. Jungen dagegen haben nur die Wahl zwischen einem Seeräuber, der eine Insel entdecken und wie Robinson leben will, und einem Bären. Immerhin ist dieser Bär nicht böse. „Er würde nur laut brummen, wenn ihm einer zu nahe kommt." Nähe zulassen können und wollen, klein und schutzbedürftig sein (und gestreichelt werden wie ein Kätzchen) – das wird Jungen hier als Traum nicht angeboten. Das Schulbuch zeigt Jungen nicht, dass auch sie das Bedürfnis nach Zärtlichkeit und Geborgenheit äussern dürfen.

Traditionelle Familien, stereotype Frauen und Männer

Die Welt der Erwachsenen erscheint nur am Rande im Lehrmittel. So kommen in den Texten nur wenige Berufe vor, genauer sieben weibliche und sechs männliche Berufsbezeichnungen bzw. Berufsleute. Diese sind eher geschlechtstypisch: Die Männer sind Zauberer, Zirkusdirektor, Schneider, Hauswart oder arbeiten in einer Autowerkstatt. Einmal ist ein Bauer abgebildet, dem ein Junge beim Putzen der Melkmaschine zuschaut. Die Frauen sind Seiltänzerin, Verkäuferin, Klavierlehrerin, Coiffeuse oder arbeiten an der Kasse im Warenhaus. Einmal ist eine Kioskfrau abgebildet. Die ersten fünfzig Textseiten handeln vom ersten Schultag bis zu jenem Tag, an dem die Kinder das ganze ABC kennen gelernt haben. Auf diesen Seiten ist jeweils von den gleichen Personen die Rede, die Lehrkraft ist eine Frau. Im zweiten Teil des Buches erscheinen in zwei Texten wiederum Lehrerinnen. Im Lehrmittel ist von sechs Müttern und drei Vätern die Rede. Als

Ansprechperson für die Kinder erscheint immer die Mutter: Sie hört der Tochter zu, die wütend nach Hause kommt, sie fragt nach, was los sei usw. Sie hat aber auch andere traditionelle Pflichten inne: Sie geht mit dem Kind Kleider einkaufen oder verstaut die frisch gewaschene Wäsche. Natürlich kommen ihr auch die erzieherischen Pflichten zu, so ermahnt sie z.B. die Tochter, ihr Zimmer aufzuräumen (S. 62 f.). Die Abbildungen zeigen die Mutter mit der Tochter am Esstisch sitzend und am Herd stehend (z.B. S. 92, 93). Auffallend ist, dass Mütter nicht mit Söhnen abgebildet sind. Bei unkonventionellen Handlungen und Tätigkeiten sind weder Mütter noch Väter dargestellt.

Herausgepickt

Spitzfindig oder nicht?

Eine Erstklässlerin verfasst ein Gedicht mit dem Titel: „Was bringt der Frühling?" (S. 76) Sie schreibt, er bringe Blumen „wie auf der geblümten Keksdose von Mama" und dass die Sonne eine gelbe Farbe habe, „so gelb wie Papas Lederjacke".
Ist es Zufall, dass das Mädchen die geblümte Keksdose im Haushalt der Mutter zuordnet, dem Vater dagegen die gelbe Lederjacke, die er trägt, wenn er das Haus verlässt?
Oder ist das kleine Gedicht ein Beispiel dafür, wie stark Rollenbilder verinnerlicht sind? Illustriert es, auf welch subtile Weise schon Kinder in ihren Texten geschlechtsspezifische Zuschreibungen vornehmen?

Die einzige Interaktion zwischen Vater und Kind geschieht in der kurzen Bemerkung „Ach Papi, bitte, bitte...", in der der Sohn den Vater anfleht, einen ausgesetzten Hund nach Hause nehmen zu dürfen (S. 84). Zwei weitere Väter werden im Text nur nebenbei erwähnt. Sie erscheinen auf einem Bild, auf dem sie ihre Kinder am ersten Schultag begleiten (S. 3). Ansonsten sind Väter nicht zusammen mit ihren Kindern zu sehen. Sie sind nie zuhause abgebildet. Ein Grossvater zeigt seiner Enkelin auf dem Globus die Länder und Meere (S. 25).

Mutter und Vater als Paar werden ein einziges Mal nebenbei erwähnt (sie spielen Tennis miteinander). Lediglich in drei Texten ist denn auch erkennbar, in welcher Familienform die dargestellten Personen leben. Alle drei Beispiele sind der Kleinfamilie zuzuordnen, in der der Vater auswärts Erwerbsarbeit leistet. In einer der erwähnten Familien arbeiten mindestens an einem Tag der Woche beide Elternteile ausser Haus. Es handelt sich dabei um eine ausländische Familie, die Mutter arbeitet im Warenhaus und der Vater in der Autowerkstatt (S. 64). Allein erziehende Mütter oder Väter sind nicht explizit erwähnt. Ein Bild, auf dem eine Mutter mit ihrer Tochter beim Mittagessen abgebildet ist, könnte allenfalls entsprechend interpretiert werden.

Im Vorwort des Handbuches wird erwähnt, dass sich Schulbücher dem Wandel der Zeit anpassen müssten, weil Kinder in ihren Büchern der Welt von heute begegnen wollen. Dem Wandel unterlägen unter anderem auch die Familienstrukturen (Handbuch, S. 5). Diesen Vorsätzen folgt keine entsprechende – auch für Kinder eindeutig verständliche – Umsetzung. Bei den Müttern und Vätern und ihren Rollen in der Familie scheint die Zeit stehen geblieben zu sein. Die Tätigkeiten sind fast durchwegs stereotyp traditionell. Insbesondere Jungen erhalten kaum Identifikationsangebote von unkonventionellen erwachsenen Männern.

Herausgepickt

Märchen und Chancengleichheit

Auf einer Doppelseite ist ein Würfelspiel mit Figuren aus bekannten Märchen abgebildet. Diese entsprechen den üblichen stereo-

typen Rollen: Es gibt die böse Hexe, die böse Stiefmutter und Königin, die schöne Tochter und das herzensgute oder das naive Mädchen. Die Männer sind tapfere Helden oder schlaue Wesen (S. 72, 73). Sind solche Märchen mit Standards zur Gleichstellung vereinbar? Sollen sie noch immer in ein Schulbuch aufgenommen werden, auch wenn sie – gerade in der Version der Gebrüder Grimm – ein Gesellschaftsbild des 19. Jahrhunderts widerspiegeln? Gilt es, diese Tradition weiterzuführen, weil Märchen zu Konfliktlösungen anregen und in ihrer Vielschichtigkeit dem magischen Denken der Kinder im Primarschulalter entsprechen?
Im Sinne der Chancengleichheit ist auf jeden Fall ein spielerischer Umgang mit Märchen angezeigt, wie er im *Buchstabenschloss* auch teilweise angeregt wird – z.B. im Sinne eines Diskussionsangebots (Handbuch, S. 99). Märchen eignen sich zudem sehr gut für eine theatralische Gestaltung und für Veränderungen; sie sind in der Tradition der mündlichen Überlieferung ja auch immer wieder verändert worden. Eine Hexe kann je nach Märchen ohne weiteres in einen Zauberer, ein schlauer Bauernsohn in eine Bauerntochter verwandelt werden. Die Lehrkraft kann die Kinder ermuntern, Rollen des anderen Geschlechts zu übernehmen. Und schliesslich gibt es inzwischen genügend Märchensammlungen aus verschiedenen Ländern, die andere Werte vermitteln. Märchen, aus denen Kinder erfahren, dass es für Frauen wichtiger sein kann, klug und stark – anstatt schön – zu sein, dass es einem Prinzen gefällt, von einer Frau erlöst zu werden. Auch mit Märchen kann ein Unterricht gestaltet werden, der die Standards zur Gleichstellung erfüllt.
Übrigens: Ist Ihnen aufgefallen, dass im Märchenwürfelspiel Mädchen ein breiteres Angebot an Figuren erhalten als Jungen?

Wütende Mädchen – ängstliche und hilfsbereite Jungen

Das Buchstabenschloss bietet viele Ansätze für unkonventionelle Konfliktlösungen. Hier sollen zwei geschlechtsspezifisch interessante Themen weiterentwickelt werden.

Wie wütend dürfen Mädchen sein?

Zwei Texte handeln von Mädchen, die wütend sind. Dies ist heute noch eher ungewöhnlich. Mädchen werden selten ermuntert, den eigenen Zorn ernst zu nehmen und Aggressionen auch nach aussen zu zeigen.

In der ersten Geschichte ist Julia zornig auf ihren Freund Stefan, der ihr versprochen hat, sie dürfe auf seinem neuen Fahrrad fahren, dann aber stattdessen einen andern Jungen fahren lässt. Julia sagt, Stefan sei nicht mehr ihr Freund, sie werde nie mehr mit ihm spielen. Julia ist also enttäuscht und wütend. Die Mutter fragt das Mädchen nun, ob sie Stefan wegschicken soll, wenn er sie morgen für die Schule abholen werde. Die Geschichte endet damit, dass Julia lange nachdenkt und sagt: „Nein, bis morgen – bis morgen hab ich es mir wieder überlegt." Das Ziel bei dieser Geschichte ist, dass Kinder erfahren, „wie man einen Konflikt durch Nachdenken lösen und (überwinden) kann" (S. 88 f., Handbuch, S. 101).

Die zweite Geschichte handelt von Sofie. Sie ist wütend, weil Katja und Oli nicht mit ihr spielen. Das Bild zeigt sie gross in ihrem Zorn. Während Sofie laut „Ihr blöden Affen!" schreit, kommt eine Lehrerin auf sie zu. Bevor sie nach dem Grund des Ärgers fragt, weist sie Sofie zurecht: „Schimpf doch nicht so (...) Das ist nicht schön." Sofie erzählt ihr, weshalb sie so wütend sei. Die Lehrerin rät ihr, mit den anderen zu reden. Schimpfen alleine mache die Situation auch nicht besser. Am Schluss der Geschichte schimpft So-

fie leise vor sich hin, sie „schimpfelt". Laut Handbuch distanziert sich Sofie dabei von ihren eigenen harten Worten und der Aufforderung der Lehrerin. Es gehe für Sofie darum, sich zu entziehen und doch zu behaupten (S. 90 f., Handbuch, S. 101).
In beiden Geschichten begegnen die Erzieherinnen der Wut der Mädchen mit Distanz. Die Mädchen erhalten in ihrem Zorn keine emotionale Unterstützung. Sie werden nicht ermutigt, ihre Wut ernst zu nehmen und sie als Kraft zur Veränderung zu begreifen.

Sofie kann zwar mit „schimpfeln" ihren Ärger loswerden. Aber die anderen Kinder müssen sich nicht mehr damit auseinander setzen. Sofie ist auf sich selber zurückgeworfen. Auch Julia schluckt schliesslich ihre Enttäuschung und die Verletzung hinunter, dass ihr Freund ein Versprechen gebrochen und sie versetzt hat. Sie wird doch deswegen nicht die ganze Freundschaft in Frage stellen. Auf den zweiten Blick sind beide Geschichten recht traditionell. Denn sie fordern Mädchen indirekt auf, konfliktfähig

und vernünftig zu sein und die eigenen Bedürfnisse nicht so wichtig zu nehmen.
Hier kann nun im Unterricht eingesetzt werden. Die Lehrperson gibt nur die Konfliktsituationen vor und baut sie anschaulich aus, z.B.: „Oli und Katja lassen Sofie in der Pause beim ... nicht mitspielen..." Die Kinder können dann selber Lösungen entwickeln, spielen, gestalten. Wie fühlt sich Sofie wohl in der Situation? Was könnte sie unternehmen, wenn sie gerne mit Oli und Katja spielen möchte? Soll sie sich Hilfe holen oder sich selber helfen? Wie? Gibt es auch Verhaltensweisen, die alles nur noch schlimmer machen? Haben die Kinder das schon erlebt? Was machen sie, wenn sie wütend sind? Ähnliche Fragen ergeben sich auch für Julia, deren Freund Stefan sein Versprechen gebrochen hat.
Dieser Zugang ermöglicht den Kindern, eigene Erfahrungen einzubringen und zu reflektieren. Es können verschiedene Wege aufgezeigt werden, Wut auszudrücken und als Energie zu nutzen, mit Enttäuschung fertig zu werden und im Streit Kontakt wieder aufzunehmen. Jedes Kind kann sich nochmals überlegen, was ihm entspricht, was ihm leicht fallen würde, was weniger, was es einmal ausprobieren könnte usw. Erst anschliessend wird der Text im Buch gelesen und mit den eigenen Lösungen verglichen.
Ein anderer Einstieg kann über die Illustrationen zu den beiden Texten erfolgen. Die Gefühle der Kinder sind mit ihrer Körpersprache nämlich eindrücklich dargestellt. Besonders fällt die wütende Sofie auf. Sie scheint energisch aus dem Buch herauszukommen. In der Klasse können die Kinder aufgefordert werden, verschiedene Stimmungen wie Enttäuschung, Wut, Trauer, Verletzung, Nachdenken mit dem Körper auszudrücken und zu gestalten. Anschliessend wird die Konfliktsituation vorgegeben und gespielt oder werden die Bilder betrachtet und gedeutet. Wie fühlt sich das Mädchen wohl hier, woran sieht man das? usw.

Die beiden Texte und Illustrationen bieten viele Ansatzpunkte für eine offene Besprechung. Sie eignen sich gut als Grundlage für einen kritischen und kreativen Umgang mit Konflikten. Entscheidend ist dabei, dass die Handlungsweisen der Mädchen und die Reaktionen der Erwachsenen nur als je eine Möglichkeit betrachtet und nicht als die einzig richtige Lösung behandelt werden. Bei gemischten Klassen muss zudem darauf geachtet werden, dass alle Mädchen auch wirklich die wütende Rolle übernehmen und diese nicht vor allem von Jungen gespielt oder gestaltet wird. Vielleicht bedürfen einige Mädchen und Jungen dazu einer besonderen Ermunterung?

Ängstliche und hilfsbereite Jungen

Jungen werden in diesem Buch weniger zu unkonventionellen Verhaltensweisen ermuntert als Mädchen. Diese generelle Beobachtung stimmt jedoch nicht für die feinfühlig erzählte Geschichte „Am Graben". Dort schafft es eine Jungengruppe, gemeinsam weiterzukommen, indem der Schwächste unterstützt wird. Die Situation: Vier Jungen kommen an einen Graben. Der Jüngste fürchtet sich hinüberzuspringen. Ein Junge hänselt ihn deswegen und der Zweite will ihn auf dem Rücken tragen. Der Dritte bietet ihm Hilfe und Sicherheit, sodass der Kleinste Mut fasst und springt. „Na, siehst du! Meine Hand hast du nicht mal gebraucht", so kommentiert der Ältere. „Und alle vier liefen weiter" (S. 71, 72).
Laut Handbuch geht es darum, „...die eigene Verhaltensweise in ähnlichen beängstigenden Situationen zu prüfen und bewusst zu machen" (Handbuch, S. 99). Der Schwerpunkt wird dabei auf die Gefühle des kleinen Jungen gelegt. Dies sticht hervor, denn Ängstlichkeit von Jungen wird in der Schule eher selten zum Thema gemacht. Die weiterführenden Themen „Was ich schon kann..., Was ich mir zutraue..." vermitteln, dass zunehmendes Selbstver-

trauen als Entwicklungsprozess zu begreifen ist (Handbuch S. 99). Dies macht Jungen und Mädchen Mut, eigene Ängste zu akzeptieren und damit umgehen zu lernen. Das Verhalten der älteren Jungen wird nur am Rande erwähnt, als „Stichelei", „Hilfe total" und Jemandem-etwas-„Zutrauen".

Der Text spricht aber nicht nur die Erfahrung des jüngeren Freundes an, sondern zeigt auf, wie sich ein Junge hilfsbereit und unterstützend um einen Kleinen kümmert. Auch hier ist der Text unkonventionell. Weiterführende Fragen für Erzählung, Spiel und Gestaltung wären: Wo habe ich schon helfen können? Wo übernehme ich Verantwortung für Jüngere? Und vielleicht auch: Wann lache ich jemanden aus, weshalb?

Der sensible Text gibt genügend Anhaltspunkte zur Weiterentwicklung. In gemischten Gruppen müssen die Rollen so verteilt werden, dass nicht am Ende die Jungen die Stichelei und die Hilfe durch Körperkraft übernehmen und die Mädchen das unterstützende und ängstliche Kind. Denn im Hinblick auf Chancengleichheit ist es zentral, dass Jungen ausdrücklich ermutigt werden, beide Seiten – Ängstlichkeit und Hilfsbereitschaft – zu erfahren, zu spielen und auszudrücken. Dieser Text bietet ihnen zwei überzeugende Vorbilder.

Autoren	Wilfried Metze, Gerhard Sennlaub
Illustrationen	Petra Probst
Mitarbeit	Karin Bednarz, Mechthild Dopatka, Klaus Feine-Koch, Sabine Zoder
Verlag	Cornelsen Verlag, Berlin
Erscheinungsjahr	1992

Das Wichtigste auf einen Blick

Die *Tobi-Fibel 1* entzieht sich durch ihre Abstraktheit gewissen Standards zur Gleichstellung. Die Geschichte hat wenig direkten Bezug zum Alltag und zur Lebensrealität der Kinder, sie spielt in einer harmonischen Traum- und Fantasiewelt. Konkret handelt das Buch von einer einzigen Familie, der Familie Tobi, bestehend aus den Kindern Ela und Alo, aus Mama, Papa, Oma und Opa. Die Tobis sind Kobolde, Wesen zwischen Mensch und Tier, mit Fell und langem Schwanz. Sie leben im Wald auf unbeschränktem Wohnraum, kein Familienmitglied muss einer Erwerbsarbeit nachgehen. Innerhalb der Familie finden keine Auseinandersetzungen statt, die Eltern sind übrigens kaum in Elternfunktionen dargestellt. Oberflächlich betrachtet ist das Muster also eher veraltet: Es gibt keine Vielfalt von Familienformen, das einzige Modell ist eine harmonische, konfliktfreie Dreigenerationenfamilie; Berufserfahrungen sind ebenso ausgeklammert wie Personen aus fremden Ländern. Gerade das Unwirkliche an der Geschichte ermöglicht aber ein ausgeprägtes Spiel mit Rollen. Anhand der sechs dargestellten Personen wird nämlich eine breite Palette an Eigenschaften und Handlungsspielräumen aufgezeigt, indem die einzelnen Figuren viele verschiedene Rollen und Tätigkeiten übernehmen: sowohl traditionell weibliche und männliche wie auch unkonventionelle. Dies ist nicht Zufall, sondern pädagogisches und didaktisches Prinzip der Autorinnen und Autoren. Die Vielfalt kann bei den Kindern einige Fragen aufwerfen. Ihnen wird auffallen, was bei den Tobis gleich, was anders ist als in ihren eigenen Familien. Insofern bietet das Buch eine gute, fantasievolle und humorvolle Grundlage für die Auseinandersetzung mit geschlechtsspezifischen Rollenmustern – und ihrer Auflösung. Aufgrund der Abstraktheit können sich auch Kinder aus anderen Kulturen mit den Tobis identifizieren. Und weil das Buch nicht nur auf Buchstaben ausgerichtet ist, sondern zugleich ein attraktives Bilderbuch darstellt, dürfte es auch Kinder ansprechen, die mit der (Zweit-)Sprache noch Probleme haben. Insofern ist das Lehrmittel auch für den Unterricht in multikulturellen Klassen sehr gut geeignet.

Ausgezählt

Das Lehrmittel erfüllt im Hinblick auf die zahlenmässige Vertretung von Frauen und Männern, Mädchen und Jungen die Standards zur Gleichstellung. Alle Zahlen und Angaben beziehen sich auf die Geschichte der *Tobi-Fibel 1* ohne die Jahreszeitenbilder am Ende. Die übrigen vielfältigen Materialien (Tafelwortkarten, Anlauttabelle, Lese-Mal-Blätter usw.) wurden nicht analysiert.

Wer war an der Produktion beteiligt?

(siehe Impressum)	Frauen	Männer
Autoren	–	2
Illustration, Gestaltung	1	–
Mitarbeit	3	1
Redaktion	1	–
Total	**5**	**3**

Wer kommt wie oft auf den Bildern vor?

	Mädchen/Frauen		Jungen/Männer	
Kinder	Ela	34	Alo	31
Eltern	Mama	25	Papa	27
Grosseltern	Oma	24	Opa	28
Total		**83 (49%)**		**86 (51%)**
Personen allein auf einem Bild				
	Ela	8	Opa	1

Auf einem Bild kommen Freundinnen und Freunde der Tobis vor: Fünf Figuren sind weiblich, drei sind männlich.
Zudem sind viele Tiere abgebildet: Im ganzen Lehrmittel sind es über 200 Tiere aus 31 Tierarten.

Wer kommt wie oft im Text als Subjekt vor?

		Mädchen/Frauen		Jungen/Männer	
Kinder		Ela	20	Alo	10
Eltern		Mama	6	Papa	4
Grosseltern		Oma	3	Opa	11
Total			**29 (53%)**		**26 (47%)**
Tiere	20				

Zur Sprache

Das Lehrmittel ist bis auf eine Ausnahme geschlechtergerecht formuliert. Wer sie sucht, findet sie bestimmt.

Mama liest und Papa strickt

Die Tobis, Wesen zwischen Mensch und Tier, sind geschlechtsspezifisch angezogen und frisiert: Männliche Figuren tragen Hosen (mit Hosenträgern!), weibliche Figuren tragen Kleider und haben lange Haare.
Ohne diese typischen Merkmale wäre nicht so leicht erkennbar, welchem Geschlecht die struppigen Wesen auf den Bildern angehören und um wen es sich handelt.
Die Kinder spielen vorwiegend ohne Spielzeug miteinander oder basteln etwas mit Gegenständen aus der Natur. Spielzeug im üblichen Sinne kommt kaum vor. Alle weiblichen Personen verfügen über eine geringere Vielfalt an Gegenständen, mit denen sie sich beschäftigen, als die männlichen. Davon kann aber nicht auf ihre geringere Bedeutung geschlossen werden. Das Mädchen Ela z.B.

ist nur mit Malpinsel (1-mal) und mit einem Tuch (8-mal) abgebildet; ihr Bruder Alo dagegen mit sechs verschiedenen Gegenständen. Dennoch ist Ela in der Geschichte bestimmender, so unternimmt sie z.B. als einzige einen eigenständigen Ausflug. Sie ist die eigentliche Hauptfigur der Geschichte.
Die anfallenden Arbeiten sind auf verschiedenen Bildern nicht geschlechtsspezifisch verteilt. Nahrungsbeschaffung ist Frauen- *und* Männersache, die Zubereitung übernimmt entweder der Vater oder alle arbeiten zusammen. Auf zwei Bildern strickt der Vater; die Hauptbeschäftigung der Mutter ist lesen.

Eigenständige Kinder

Alle sechs Personen des Buches haben sowohl geschlechtertypische als auch -atypische Rollen inne: Das Mädchen Ela ist einerseits verspielt und verträumt, andererseits sehr lebendig und neugierig. In vielen Szenen stellt sie ein mutiges, selbstständiges und

kluges Mädchen dar, in einer anderen versteckt sie sich ängstlich hinter einer erwachsenen männlichen Person. Auch der Junge Alo zeigt eine Palette von Eigenschaften. Er ist stark, mutig und klug, er bastelt und arbeitet fleissig, aber auch er hat zwischendurch Angst. Im Gegensatz zu Ela ist Alo immer im Umfeld der Familie abgebildet, er befindet sich nie ausserhalb der elterlichen Kontrolle. Sobald Ela und Alo zusammen sind, übernimmt Alo eine eher typisch männliche Rolle: Er ist der Starke, auf dessen Schultern Ela sitzt und der sie durch den Wald führt.

Die beiden Kinder verfügen also über eine Vielfalt an unterschiedlichen Eigenschaften. Grundsätzlich entsprechen die Handlungen und Tätigkeiten von Ela weniger den gängigen Rollenmustern als jene von Alo, und sie ist in der Geschichte präsenter als ihr Bruder. Die Tatsache, dass Ela achtmal alleine abgebildet ist und in den Texten doppelt so oft als Subjekt in Sätzen vorkommt wie Alo, führt dazu, dass sie eindeutig mehr Platz einnimmt. Die übrigen weiblichen Figuren verfügen über einen deutlich engeren Handlungsspielraum als die männlichen. Die Grossmutter zieht verschiedene Pilze auf eine lange Schnur auf. Sie ist die unauffälligste Persönlichkeit der Familie und hält sich meist eher im Hintergrund. Die Mutter liest und liest; in allen denkbaren Situationen hat sie ein Buch vor sich. Der Handlungsspielraum und die zugeordneten Eigenschaften sind bei Vater und Grossvater ungleich grösser. Zwar entspricht der Opa teilweise gängigen Klischees. Einige Bilder zeigen ihn als Familienoberhaupt: In schwierigen Situationen entscheidet er, was zu tun ist. Oft führt er die Familie, indem er vorangeht. Er zeigt sich aber auch von einer anderen Seite: Gemütlich Pfeife rauchend, Gitarre spielend und singend, ist er zuweilen etwas verwirrt – er verlegt dauernd seine Brille –, oft wirkt er auch komisch, tollpatschig und hilflos. Der Vater hat einige üblicherweise Männern zugeschriebene Eigen-

schaften. Er wird als stark und aktiv dargestellt, aber auch als fleissig. Auffällig sind neun Szenen, in denen er traditionell weibliche Arbeiten ausführt: Er strickt, bereitet das Essen zu, hängt Wäsche auf usw. Im Handbuch für Lehrerinnen und Lehrer wird denn auch betont, dass gezielt „bewusste Gegenhandlungen zum Gewohnten" dargestellt würden und die Erwachsenen, insbesondere die männlichen, so gar nicht dem Bild der unfehlbaren Grossen entsprechen sollten (S. 6).
Die Tiere haben kein Geschlecht. Auf vielen Bildern passen sie sich den Handlungen der Tobis an, was mit viel Humor dargestellt ist. So trägt der Maulwurf z.B. einen Gehörschutz, wenn die Tobis Bäume zersägen, um ein Floss zu bauen. Mäuse sausen auf Rollbrettern Hänge hinunter usw. Die Tiere spielen immer Nebenrollen und stehen mit der Geschichte oft nicht in direktem Zusammenhang, aber sie kommen auf jedem Bild vor. Das Zusammenleben der Tobis mit den Tieren hat daher etwas Selbstverständliches. Die kleinen, oftmals im Bild leicht versteckten Tiere fördern den Blick der Kinder für das Detail.

Eine konfliktfreie Familie?

Die *Tobi-Fibel 1* zeigt eine Familie ohne Konflikte. Die drei Generationen leben friedlich und zufrieden zusammen, kuscheln sich nachts aneinander, Opas Pfeifenrauchkringel bestätigen Opa ♥ Oma, Ela und Alo liegen sich in den Armen, nachdem Ela zur Familie zurückgefunden hat.
Da keine Dialoge zwischen den Personen stattfinden, sind die Beziehungen zwischen den einzelnen Familienangehörigen nicht leicht interpretierbar. Aber dass in der Familie alles gut funktioniert und harmoniert, scheint in der Geschichte als gegeben vorausgesetzt. So ist die ganze Familie meistens zusammen dargestellt. Die wenigen direkten Interaktionen finden zwischen den beiden Per-

sonen aus derselben Generation statt. In nur vier Szenen unternehmen Personen generationenübergreifend etwas zusammen: Dreimal treten Alo, Papa und Opa gemeinsam auf, einmal sind es die weiblichen Familienangehörigen, die zusammen abgebildet sind. Szenen, in denen Ela und Alo explizit mit Mutter und/oder Vater in Kontakt sind (ohne Grosseltern), existieren im Buch nicht.

Entsprechend finden sich Mutter und Vater auch nicht in einer typischen Elternrolle: Sie fordern nichts, weisen nie zurecht, spielen nicht mit den Kindern usw. Gefahren und schwierige Situationen kommen immer von aussen, innerhalb der Familie gibt es keine Auseinandersetzungen. Somit sind Gefühle wie Angst, Ärger, Wut, Verzweiflung usw. an die jeweiligen Umstände oder an Tiere gebunden. Das Buch zeigt nicht, wie Konflikte innerhalb einer Familie gelebt und gelöst werden können.

Herausgepickt

Die Mutter liest und liest...

18-mal ist die Mutter in der fortlaufenden Geschichte abgebildet. 9-mal liest sie in den ungewöhnlichsten Situationen, in drei weiteren hat sie das Buch bei sich. Insofern ist ihre Palette an Tätigkeiten äusserst begrenzt. Es wird keine Vielfalt von möglichen Handlungen für Frauen aufgezeigt. Das dauernde Lesen der Mutter wirkt im Buch vielmehr etwas eindimensional. Andererseits stellt die Mutter eine sehr selbstbestimmte Person dar. Sie hat eine Vorliebe für Gruselgeschichten, sie wirkt präsent in ihrer Eigenwilligkeit, verweigert sich allen traditionellen Rollenvorgaben und geht keiner typischen Hausfrauenpflicht nach. Sie nimmt sich offenbar immer die Freiheit, das zu tun, was ihr am meisten Spass macht.
Ist sie nun einseitig oder selbstständig und eigenwillig – oder alles zusammen?

Umsetzungsideen für den Unterricht

Bei den Tobis – bei uns daheim

Das Aufbrechen von starren Rollenzuschreibungen bei Frauen und Männern, Mädchen und Jungen ist pädagogisches Prinzip des Buches. Einiges an Festlegungen fällt weg, so die Autorinnen und Autoren, weil alles gemeinsam getan wird, die Arbeit in der Familie wird nicht aufgeteilt. Auch sind absichtlich Gegenhandlungen zum Gewohnten eingebaut, also z.B. traditionell weibliche Tätigkeiten wie etwas stricken dem Vater zugeordnet (zu den weiterführenden Überlegungen vgl. Handbuch für Lehrerinnen und Lehrer, S. 6 f.).

Um wichtige Standards zur Gleichstellung zu erfüllen, braucht es nicht unbedingt eine stetige Thematisierung von geschlechtsspezifischen Fragen. Das Buch ist in seiner Vielfalt und Offenheit und mit den unkonventionellen, fantasievollen Zeichnungen Vorbild genug.

Dennoch kann im Unterricht gezielt auf einige Aspekte eingegangen werden, insbesondere dort, wo Kinder spontan Themen ansprechen. Dies dürfte vermutlich dort zu erwarten sein, wo die Diskrepanz zwischen dem Verhalten der Tobis und dem eigenen Alltag der Kinder gross ist.

So bietet sich beispielsweise die ungewöhnliche Figur der Mutter für eine Diskussion in der Klasse an: Was macht die Mutter auf den Bildern? Was macht meine Mutter? Was unternehme ich gerne mit meiner Mutter? Was wünsche ich mir von ihr? Ebenso ungewohnt dürfte für viele Kinder sein, dass der Vater (und die Grosseltern) stets anwesend ist. Hier können Kinder über ihre Beziehung zum Vater erzählen, Wünsche formulieren usw. In vielen Familien übernehmen Grosseltern heute einen Teil der Kinderbetreuung. Die Rolle der Grosseltern kann mit den Kindern zusammen gespielt und gestaltet werden.

Die fantasievollen, wirklichkeitsfernen Figuren der Tobis laden zum Wünschen ein. So können z.B. alle Kinder überlegen, wer ihre Lieblingsfigur ist. Welche Person möchte ich am liebsten sein und warum? Was gefällt mir an ihr besonders? Was würde ich alles unternehmen, wenn ich Ela oder Alo wäre? Würde ich mich anders verhalten? Die Kinder können dabei ihre Lieblingsfigur bei einer ausgewählten Tätigkeit zeichnen. In der gemeinsamen Auswertung werden die Offenheit der Figuren und ihre Vielfalt von Möglichkeiten herausgearbeitet.
Möglich ist auch, mit der Präsentation einer kurzen Pantomime anzufangen. Die Kinder bilden Gruppen von 4 bis 6 Personen. Sie versuchen, die Tobi-Familie zu spielen. Jedes wählt sich eine Figur und eine zugehörige Tätigkeit, die ohne Worte dargestellt werden kann. Für Ideen kann das ganze Buch benutzt werden.
Jede Gruppe stellt nun eine Tobi-Familie ohne Worte vor, wobei jede Figur nur eine (typische?) Tätigkeit ausübt. Die Übrigen versuchen zu erraten, wer dargestellt wird. Bei diesem Spiel werden die Kinder motiviert, die Handlungen der Figuren bewusst anzusehen. Das fördert den Blick für Gewohntes und besonders für Ungewohntes.
Alle diese Übungen fördern eine Auseinandersetzung mit der vorgegebenen Fantasiewelt. Und weil wohl kein Kind in der gleichen Familienform lebt wie die Kobolde, sind die Tobis für alle Kinder fremd und unwirklich: für Kinder aus der traditionellen Kleinfamilie ebenso wie für solche aus getrennten Ehen und mit allein erziehenden Müttern oder Vätern, für Kinder, die teilweise extern betreut werden, und für solche aus fremden Kulturen. Und gerade deshalb bildet dieser Erstleselehrgang für eine Pädagogik der Vielfalt eine überzeugende Grundlage.

Konzept und Projektleitung	Hans Giessemann
Didaktische Mitarbeit	Ruth Bächtold, Susi Coray, Ruedi Klapproth, Peter Kammermann, Jeannette Meier-Schwager, Gertrud Sutter
Linguistische Mitarbeit	Urs Strässle
Beratende Kommission	Lilli Aeschbach, Edith Arnold, Roman Brunschwiler, Normanda Fehr, Peter Gasser, Irene Guthauser, Elisabeth Hegi, Alfred Lustenberger, Hans Rudolf Mazzolini, Helmut Messner, Hedi Müller
Arbeitsgruppe	Elisabeth Angele-Altdorfer, Peter Kammermann, Gertrud Meyer, Max Schläpfer, Annelies Vonmont
Grafische Gestaltung	Rolf Gfeller (Buchgestaltung, Illustrationen) Beni La Roche (Titelblatt)
Verlag	Interkantonale Lehrmittelzentrale, Kantonaler Lehrmittelverlag Luzern
Ausgabe 1992	(Erscheinungsjahr 1980)

Das Wichtigste auf einen Blick

Das älteste der untersuchten Erstlesebücher erfüllt die Standards zur Gleichstellung kaum. Zwar wird im Handbuch für die Lehrkräfte partiell der Anspruch formuliert, gängige Rollenzuweisungen aufzubrechen.

In einzelnen Passagen wird dieser Anspruch auch erkennbar. Insgesamt fehlt es an der konsequenten Umsetzung. So werden Mädchen und Jungen oft bei gleichen Tätigkeiten und Spielen dargestellt, sie übernehmen dabei aber häufig geschlechtsspezifische Rollen. Geschichten oder Figuren, die die Kinder anregen würden, mit Fantasie und Kreativität ihr Verhaltensrepertoire zu erweitern, kommen nicht vor.

Für die Erwachsenenwelt gelten strenge Rollenvorgaben. Ein ganzes Kapitel ist der Doppelorientierung der Frauen durch Haushalt und Erwerbsarbeit gewidmet. Allerdings werden dabei Probleme – vor allem für die Kinder – betont. Von einer gleichberechtigten Arbeitsteilung zwischen Männern und Frauen ist nirgends die Rede.

In mancher Hinsicht fehlt dem Lehrmittel die Aktualität. Kleidung und Frisuren sind altmodisch; sie entsprachen bereits bei Erscheinen des Buches 1980 nicht mehr der Realität. Heute wirken die Bilder antiquiert.

Äusserst problematisch ist zudem die Tatsache, dass im ganzen Lehrmittel keine ausländischen und fremdsprachigen Kinder vorkommen. Mädchen und Jungen aus fremden Kulturen erhalten keine Identifikationsangebote.

Im Hinblick auf die heutige multikulturelle Durchmischung der Schulen und den Stand der Gleichstellung ist das Schulbuch veraltet.

Ausgezählt

Das Lehrmittel erfüllt im Hinblick auf die zahlenmässige Vertretung von Frauen und Männern, Mädchen und Jungen die Standards zur Gleichstellung nicht überall. Während in den Texten Frauen und Männer ausgewogen vorkommen, sind auf den Bildern rund doppelt so viele männliche wie weibliche Personen dargestellt. Alle genannten Zahlen beziehen sich nur auf das Buch *Texte*. Das Übungsbuch wurde nicht untersucht.

Wer war an der Produktion beteiligt?

(siehe Impressum)	Frauen	Männer
Konzept und Projektleitung	–	1
Didaktische Mitarbeit	4	2
Linguistische Mitarbeit	–	1
Beratende Kommission	6	5
Arbeitsgruppe	3	2
Grafische Gestaltung	–	1
Titelblatt	–	1
Total	**13**	**13**

Wie viele Texte und Bilder von Frauen und Männern kommen vor?

Im Lehrmittel ist nicht unmittelbar bei jedem Text ersichtlich, wer dessen Autorin oder Autor ist. Aufgrund des Quellennachweises sind vier Texte von Autorinnen und Autoren wörtlich übernommen. Bei weiteren fünf Texten werden im Quellennachweis nur die Initialen der Vornamen aufgeführt.

Von 18 Fotografien im Lehrmittel stammen 15 von derselben Fotografin, die andern 3 Bilder wurden von 2 verschiedenen Fotografen aufgenommen.

Wer kommt wie oft auf den Bildern vor?

	Mädchen/Frauen	Jungen/Männer
Kinder (Fotos)	12	17
Kinder (Illustrationen)	36	49
Kinder Total	**48**	**66**
Erwachsene (Fotos)	5	20
Erwachsene (Illustrationen)	19	27
Erwachsene Total	**24**	**47**
Insgesamt	**72 (39%)**	**113 (61%)**

Nicht ausgezählt wurden die über 50 Personen (und die Tiere) auf dem Doppelbild vom Kinderzoo, da dort eine Geschlechterzuteilung nur bedingt möglich ist.

Auf den meisten Bildern sind beide Geschlechter vertreten. Auf jenen Bildern, auf denen mehrere Personen dargestellt sind, dominieren die Jungen und Männer zahlenmässig. Sechs Abbildungen, die ausschliesslich männliche Personen zeigen, stehen zwei Bilder mit ausschliesslich weiblichen Personen gegenüber.

Wer kommt wie oft in den Texten vor?

	Mädchen/Frauen	Jungen/Männer
Kinder	42	43
Erwachsene	14	12
Total	**56 (50,5%)**	**55 (49,5%)**

In den meisten Texten kommen sowohl männliche wie weibliche Personen vor. Dabei handelt es sich häufig um die gleichen Figuren, insbesondere um die Kinder Tina und Tomi. Dargestellt werden:

20-mal Tina und 9-mal Rita (von total 42 genannten Mädchen)
22-mal Tomi und 7-mal Reto (von total 43 Jungen)
10-mal die Mutter von Tina und Tomi (von total 14 Frauen)
7-mal der Vater von Tina und Tomi (von total 12 Männern)

Zur Sprache

Durch die Verwendung von geschlechtsabstrakten Ausdrücken wie „Kinder" oder der direkten Anrede „du" oder „ihr" ist das Lehrmittel grundsätzlich geschlechtergerecht formuliert. Allerdings findet sich vereinzelt auch die ausschliesslich männliche Sprachform (z.B. die Leser). Paarformen werden nicht verwendet.

Gemeinsame Spiele von Mädchen und Jungen

Mädchen und Jungen werden oft beim gemeinsamen Spiel dargestellt: Sie zeichnen zusammen, legen Dominosteine, fahren in einer Seifenkiste, tauschen Steine, machen Versteckspiel usw. Sie beschäftigen sich also mit den gleichen Spielen und Spielsachen. Dies entspricht der Intention der Autorinnen und Autoren, wonach es beim Thema Spielzeug auch um die „Überwindung der traditionellen Rollenfestlegungen mit Zuordnung von knaben- und mädchenspezifischem Spielzeug" gehe (Handbuch S. 110). Auf den zweiten Blick wird jedoch deutlich, dass sich Mädchen und Jungen unterschiedlich verhalten – und zwar oft nach gängigen Rollenzuweisungen. Hier einige Beispiele:

- Kinder konstruieren Duplo-Lokomotiven: Der Junge sitzt in breiter, bequemer Haltung am Boden und baut eine Lokomotive mit sechs Rädern, das Mädchen hat sich im engen Rock hingekauert, die Knie aneinander gepresst (S. 9).
- Tina und Tomi fahren in einer Seifenkiste: Er sitzt vorne am Steuer, sie sitzt hinten und hält sich an ihm fest (S. 9).
- Auf einem Bild sind zwei Kinder und ein Traktor zu sehen. Das Mädchen steht hinter dem Fahrzeug, der Junge sitzt oben auf dem Fahrersitz (S. 31).
- Kinder verkleiden sich: Im Handbuch für die Lehrkräfte steht zu dieser Lerneinheit: „Das Angebot (...) beschränkt sich bewusst auf einige typische Kinderfasnachtsfiguren, damit die Of-

fenheit des Themas gewährleistet bleibt" (S. 200). Diese Offenheit geht aber kaum über gängige Rollenzuweisungen hinaus. Jungenfiguren sind Räuber und Kaminfeger, Mädchenfiguren Prinzessin und Rotkäppchen. Immerhin kommt auch eine *Indianerin* als eher unkonventionelles Beispiel vor. Für die Jungen gibt es dagegen kein vergleichbares, nicht ganz gängiges Angebot (S. 40 f.).

Tina und Tomi
legen und bauen.

Tomi und Tina
. . . . im Auto.

Diese letzte Beobachtung gilt für das ganze Buch. Während Mädchen auch mit traditionellen Jungenspielsachen spielen, ist dies umgekehrt nicht der Fall. Jungen erhalten also weniger Anreize, die Palette an Spielmöglichkeiten zu erweitern, als Mädchen.

Maschen und Bänder im langen Haar

Auffallend stereotyp wirkt das Aussehen der Kinder. Hier ist das Buch eindeutig veraltet. Mädchen tragen fast ausnahmslos Röcke, oftmals auch Schürzen, ihre Kleider sind farblich assortiert, die Strümpfe auf den Pullover abgestimmt. Zudem tragen viele Mädchen Schleifen, Maschen oder Bänder in den langen Haaren. Jungen sind kurzhaarig und mehrheitlich mit Hemd und Pullover abgebildet (z.B. S. 34 und 83). Bei den Erwachsenen ist das übrigens ähnlich: Frauen tragen vorwiegend geblümte, elegante Blusen, Männer meist Hemd und Krawatte.

Zu diesen Typisierungen passen auch die folgenden beiden Bilder: Auf der ersten Buchseite sind vier Mädchen und acht Jungen abgebildet. Bei den Kinderporträts geht es gemäss Handbuch um die Deutung des Gesichtsausdrucks (S. 100).

Ein Mädchen lacht, die drei andern lächeln – zumindest andeutungsweise. Das einzige Kind, welches die Hand vor den Mund hält und verstohlen zur Seite blickt, ist ebenfalls ein Mädchen. Bei den Jungen ist das Spektrum an Ausdrucksformen breiter. Einige Jungen schneiden sogar witzige Grimassen, andere blicken skeptisch. Mädchen lernen hier auf subtile Weise wohl auch, dass ihnen nur gewisse, eher gefällige und scheue Ausdrucksweisen zustehen (S. 3).

Ein weiteres Bild zeigt Kinder bei Regen auf dem Schulweg. Bei genauer Betrachtung fällt auf, dass Mädchen sich eher brav verhalten, die Jungen den Heimweg im Regen fröhlich und aktiv gestalten. Alle Mädchen sind in Regenmäntel gekleidet und bleiben unter ihren Schirmen. Im Hintergrund wird ein Mädchen von ihrer

Mutter im Auto nach Hause gefahren. Ein Junge trägt unter dem Schirm nur einen Pullover, der zweite steht in einer Jacke mit Kapuze direkt im Regen. Beide Jungen machen eher ausladende Armbewegungen und sind mit offenen Mündern dargestellt, lachend oder rufend. Einer der beiden springt in eine Pfütze, das Mädchen vor ihm weicht zurück, damit sie nicht nass wird (S. 12 f.).
Anders als das geschlechtstypische Aussehen sind diese Unterschiede zwischen Jungen und Mädchen subtil, oft erst auf den zweiten Blick erkennbar. Sie dürften teilweise auch Lehrkräften entgehen.

Eigenständige Personen – jenseits von starren Zuschreibungen

Das Schulbuch enthält einzelne Szenen und Figuren, die nicht gängigen geschlechtsstereotypen Zuschreibungen entsprechen. Kochen zum Beispiel ist auch Jungensache. Einmal sind ein Junge und ein Mädchen bei dieser Arbeit im Haushalt abgebildet. Sie schwingt eine Kelle in der Hand und liest aus dem Rezeptbuch vor, während er konzentriert Brot schneidet (S. 63).
Ein anderer Junge bereitet mit seinem Vater zusammen einen Braten zu (S. 22 f.).
Auf einem weiteren Bild steht ein Knabe traurig da, er wird von einem Jungen getröstet, der ihm fürsorglich die Hand auf die Schulter legt (S. 16). Der Lesetext lautet: „allein weinen? nein! nein!" Mit dieser Illustration und dem Text wird Jungen also vermittelt, dass sie auch weinen dürfen, ohne sich verkriechen zu müssen, und dass sie von anderen Hilfe erwarten können. Und sie sehen zugleich das Vorbild eines Jungen, der sich liebevoll um einen Freund kümmert.
Mädchen erhalten in zwei längeren Texten unkonventionelle, fantasievolle Identifikationsfiguren. Die eine ist die eigenwillige Tan-

te Claudia. Sie bildet eine erfrischende Ausnahme von den übrigen zum Teil einseitigen und eher klischeehaften Frauenfiguren. Alle freuen sich auf ihren Besuch. Sie wirkt unabhängig und spontan. Denn sie ruft immer erst an, wenn sie schon da ist. Sie ist lustig und hat gute Einfälle. Zudem schenkt sie immer etwas. Einzig dem Hamster droht Gefahr, wenn sie kommt – besonders dann, wenn sie ihren Boxerhund mitnimmt (S. 66 f.).

Die zweite Geschichte handelt von Kindern, die mit Kreide auf der Strasse Dreiecke, Vierecke und Sechsecke malen. Ein Mädchen, Rita, fragt, ob es ein Eineck gäbe. „Quatsch", ruft ein grosses Mädchen. „Doch", ruft Rita und malt einen Tropfen, anschliessend eine neue Figur, ihr „Zweieck": Sie verbindet nämlich zwei Punkte mit zwei Bogen. Nun wird Rita ausgelacht. Aber sie gibt nicht klein bei. Sie versieht vielmehr das „Eineck" mit Mund und Augen und verwandelt es so in ein Gesicht. Die abschliessende Wertung eines Jungen: „Kein Eineck, aber auch kein Quatsch" (S. 60 f.). Das kleine Mädchen Rita kann sich also gegenüber den andern – auch grösseren – Kindern behaupten und geht mit der Situation, dass sie ausgelacht wird, ideenreich um. Sie schafft damit die Integration in die Gruppe. Gemäss Handbuch ist das Ziel der Übung denn u.a. auch die „Lösung des Problems und des Gruppenkonfliktes (Ausgelachtwerden)". Die pädagogische Intention ist: „Einsicht in die Möglichkeit, einen Gruppenkonflikt durch einen lustigen Einfall zu lösen" (S. 225).

Ausländische und fremdsprachige Kinder kommen nicht vor

Ausländische und fremdsprachige Kinder sind in sehr vielen – in Städten praktisch in allen – Schulklassen vertreten. Sie gehören zur Alltagsrealität der Schulkinder. In diesem Erstlesebuch sind aber weder in Texten noch auf Bildern ausländische Kinder explizit erwähnt oder dargestellt. Eine Lerneinheit befasst sich mit dem Thema „Ein fremdes Kind wird aufgenommen". In diesem Zusammenhang verweist das Handbuch für die Lehrkräfte auf die Thematik von „Gastarbeiterkindern". Die erzieherische Intention sei „das Verstehen der Situation des neu zugezogenen Kindes und die Kenntnis einiger Kontaktmöglichkeiten mit fremden Kindern". Dabei findet sich auch der Hinweis: „Um sich gut verständlich zu machen, verwenden die Mitschüler nur die wichtigsten Wörter" (Handbuch, S. 138). Hier ist das Schulbuch völlig veraltet, die Hinweise widersprechen den Theorien zur Sprachentwicklung und zum Zweitspracherwerb. Kinder lernen am meisten von einer korrekt verwendeten und nicht von einer bewusst rudimentär gehaltenen Sprache. Zudem wird hier das fremde Kind als Einzel- und Sonderfall dargestellt, dem mit besonderer Rücksicht und abgestimmtem Verhalten begegnet werden muss. Das bedeutet nichts anderes als soziale Ausgrenzung. Fremdsprachige Kinder finden im ganzen Buch keine Identifikationsfiguren, die wie sie aus einem anderssprachigen Kulturkreis stammen. Umso gravierender ist die Tatsache, dass die einzigen abgebildeten Personen mit dunkler Hautfarbe im Zoo arbeiten. Die schwarzen Männer in roter Uniform wirken wie exotische Ausstellungsobjekte des Parks (S. 72 f.).

Berufstätigkeit der Mütter – ja, aber!

Erwachsene kommen im Lehrmittel insgesamt viel seltener vor als Kinder. Entsprechend erscheint die Berufswelt im Lehrmittel nur am Rande. Obwohl nur wenige Berufe erwähnt sind, bietet sich eine Auswahl für beide Geschlechter. Weibliche Berufsbezeichnungen überwiegen. Lehrkräfte sind im Lehrmittel immer weiblich.

Die Arbeit von Müttern und Vätern wird auf einer Doppelseite besprochen. Ein Text weist darauf hin, dass die Hausfrau in ihrer Arbeit viele verschiedene Berufe ausübt. Damit wird Hausarbeit als qualifizierte Tätigkeit positiv bewertet. Zudem wird aufgezeigt, dass viele Mütter noch einem weiteren Beruf nachgehen, in dem sie gerne arbeiten, weil sie dabei Geld verdienen und viele Leute sehen. Die an dieser Stelle aufgeführten Berufe sind gut durchmischt und reichen von der einfachen Arbeiterin (Packerin) bis zur Akademikerin (Ärztin). Allerdings gibt es kein Bild, auf dem eine Mutter bei ihrer Berufstätigkeit dargestellt wäre. Auf der einzigen Illustration dieser Seiten liest die Mutter Tina und Tomi vor. Ein weiterer Text handelt von den Aufgaben, die Mütter und Väter zuhause übernehmen. Dazu gehören erzieherische wie auch haushälterische Tätigkeiten. Diese Auflistung wird aber mit keinem Text oder Bild verdeutlicht, Mütter und Väter sind nirgends als partnerschaftliches Team dargestellt (S. 70 f.).

Abgesehen von dieser einen Doppelseite entwirft das Lehrmittel ein konventionelles Bild: Im ersten Teil des Buches kommt mehrmals die Familie von Tina und Tomi vor. Sie entspricht der traditionellen Kleinfamilie: Die Mutter ist Hausfrau, der Vater arbeitet ausser Haus in einem Buchladen. Zusätzlich werden eine Mutter und ein Vater aus einer anderen Familie erwähnt. Dort gehen sowohl Mutter als auch Vater einer Erwerbsarbeit nach, was für die Tochter als problematisch dargestellt wird. Die Mutter- und Vaterbilder sind grundsätzlich traditionell. Frauen sind meistens im Haus abgebildet. Mütter sind für das Essen zuständig und nach Schulschluss für die Kinder verantwortlich. Auch Kinder beim Rollenspiel verhalten sich traditionell. Das Kind, das die Mutter spielt, ruft den Doktor zu ihrem kranken Kind. Und obwohl *der Doktor* von einem Mädchen gespielt wird, ist nicht von einer *Ärztin* die Rede (S. 34, 35).

Mehrere Übungen vermitteln den Eindruck, dass nur Mütter für die Kinderbetreuung zuständig sind.

- Die Mutter stellt den Kindern die Zutaten fürs Essen bereit, weil sie heute den ganzen Tag weg ist. Zur Gestaltung des Unterrichts wird das Zusammentragen von Berichten über Erlebnisse zum Thema „Ein Tag ohne Mutter" vorgeschlagen. Eine der weiteren Anregungen ist, Kochrezepte für Kinder unter Mitwirkung der *Mütter* zu sammeln (Handbuch, S. 231 f.).
- Mütter schreiben ihren Kindern Zettel, wenn sie nicht zuhause sind: Sie erinnern daran, etwas nicht zu vergessen, geben Hinweise, dass die Kinder etwas essen sollen und wo sie was finden, erteilen Aufträge, die die Kinder erledigen sollten, teilen mit, wo sie sind und wann sie zurück sein werden (S. 80).

Im Handbuch für die Lehrkräfte steht der Hinweis, dass für ein Zettel-Rollenspiel *Mutter*-Kind-Paare gebildet werden sollen.

Herausgepickt

Spitzfindig oder nicht?

„Was für ein Tier ist das? Es hat vier Beine, einen Schwanz, bellt wau, wau und ist doch kein Hund?" (S. 81)

Die korrekte Antwort auf das Rätsel lautet: „Die Hündin." Wie beurteilen Sie als Leserin diesen Scherz? Fördert er das Sprachbewusstsein der Kinder – oder zementiert er die Unterordnung von Mädchen und Frauen unter die männlich geprägte Sprache?

Erwerbstätigkeit der Mutter – so lautet die verdeckte Botschaft des Buches – bringt fast selbstverständlich mit sich, dass die Kinder alleine gelassen werden. In einem Text wird klar vermittelt, dass Kin-

der unter solchen Situationen leiden. In direkter Rede berichtet ein Mädchen: „Ich bin oft allein zuhause beim Aufgabenmachen. Mutter und Vater arbeiten auswärts. Ich bin manchmal traurig, wenn meine Eltern nicht da sind. Ich sehe sie selten während des Tages. Aber ich bin stolz, dass ich allein lernen kann. Wenn Vater und Mutter miteinander im Haus arbeiten, habe ich Freude" (S. 78). Im Handbuch steht entsprechend, dass es sich bei diesem Text um die emotional gehaltene Ausweitung des Sachtextes *Mütter – viele Berufe* handelt.

Das ganze Thema rund um Frau und Beruf wird im Handbuch für Lehrkräfte eingeführt mit der Bemerkung: „Die Meinungen über die Berufstätigkeit von Müttern sind geteilt. Neben den Forderungen der Frauenemanzipation wird immer noch auf die Notwendigkeit hingewiesen, vor allem in den ersten Lebensjahren den Kindern einen intensiven und entspannten Mutter-Kind-Kontakt zu sichern" (S. 237 f.).

Hier ist das Handbuch eindeutig nicht auf dem heutigen Diskussionsstand. Die erzieherischen Lernziele des Textes „Mütter – viele Berufe" beinhalten das „Verstehen der Gründe für die Berufstätigkeit von Müttern und eventuell Folgern von Konsequenzen für Mutter, Haushalt und Kinder". Es folgt der Vorschlag, die Frage zu „diskutieren, ob sich die Hausfrauenarbeit verändert, wenn die Mutter einem Beruf nachgeht". Zusätzlich sollen „die Kinder von berufstätigen Müttern aufgefordert werden, über ihre Mitarbeit im Haushalt zu berichten"(S. 238).
Im Klartext heisst das: Wenn Mütter einer Erwerbsarbeit nachgehen, sind die Kinder allein und leiden darunter, zudem sind sie mehr in die Hausarbeit eingebunden. Dass Kinder auch von anderen Personen betreut werden und dadurch vielleicht ihre sozialen Kompetenzen erweitern, liegt nicht im Blickfeld der Autorinnen und Autoren. Darauf müssen die Lehrkräfte selber kommen. Bei dieser Auseinandersetzung ist übrigens der Vater nicht explizit erwähnt. Seine Berufstätigkeit und Abwesenheit ist offenbar kein problematisches Thema.

Der Vater als Hobbykoch

Väter sind offensichtlich nicht verantwortlich für die Kinderbetreuung. Von einer Arbeitsteilung zwischen Vätern und Müttern bei der Hausarbeit ist (ausser in einem Fall) nicht die Rede. Väter werden zwar mehrmals mit ihren Kindern abgebildet, jedoch fast ausschliesslich in typischen Freizeitbeschäftigungen.
Eine Ausnahme bildet die Szene, in der Vater und Sohn gemeinsam einen Braten zubereiten. Für die Schulkinder wird im Lehrmittel also zumindest einmal eine Beteiligung des Vaters an Hausarbeit bildlich dargestellt (S. 22, 23). Allerdings steht im Handbuch zur „didaktischen Gesamtintention" dieser Lerneinheit: „Viele Väter sind Hobbyköche. Das gehört ebenso zum Bilde vieler Fa-

milien wie die Mutter in der Berufswelt" (S. 158). Für den Vater ist also Kochen nur ein Hobby, er ist nicht eingebunden in eine Verpflichtung gegenüber der Familie. Der Vergleich mit der Berufstätigkeit der Mutter lässt diese ebenfalls als Hobby erscheinen. Damit wird die traditionelle Rollenteilung zwischen Männern und Frauen nicht in Frage gestellt.

Im ganzen Lehrmittel kommen nur Väter vor, die ausser Haus arbeiten. In einer Geschichte besuchen zwei Kinder den Vater am Arbeitsort – in einem Buchladen. Im Handbuch findet sich dazu der Hinweis, dass in diesem Zusammenhang die Frage diskutiert werden könne, warum es Kinder ohne Vater gäbe. Und weiter: „Diese Frage unterstreicht die schöne Vater-Kind-Beziehung. Sie kann in der unterrichtlichen Auswertung Anlass zu einem sozialen Lernprozess sein." Unter den „erzieherischen Intentionen" wird noch präzisiert: „Erfassen der Bedingungen der schönen Vater-Kind-Beziehung in einer sprachlichen Darstellung. Verständnis für verschiedenartige Verhaltensweisen von Vätern wecken" (S. 236). Warum die Beziehung Vater-Kind besonders *schön* sein soll, wird nicht erwähnt. Und warum Väter besonderes Verständnis brauchen, wird auch nicht klar. Sollen sie etwa vor den Ansprüchen ihrer Kinder im Alltag geschützt werden? Zumindest ist bemerkenswert, dass ein vergleichbares Verständnis für die Mütter nicht in den erzieherischen Intentionen der Autorinnen und Autoren liegt. Zwar sollen die Kinder durchaus die Gründe für die Berufstätigkeit von Müttern verstehen, aber unbestritten scheint, dass sich Folgen für den Haushalt und die Kinder ergeben (Handbuch, S. 238). Es entsteht der Eindruck, dass die Autorinnen und Autoren selber in der Kleinfamilienideologie gefangen sind. Väter sind im Buch weitgehend abwesend, nicht verfügbar. Entsprechend wird die Vater-Kind-Beziehung idealisiert.

In Bezug auf Familienformen ergibt sich also ein widersprüchliches Bild. Einerseits wird zwar auf die Erwerbstätigkeit von Müttern und die Gründe dafür hingewiesen, andererseits werden damit Probleme und negative Folgen für die Kinder angetönt. Auf die Möglichkeit einer nicht traditionellen Aufteilung der Erwerbs- und Hausarbeit zwischen Mutter und Vater wird nie verwiesen. Auch Krippen, Horte und Tagesschulen kommen nicht vor. Allein erziehende Mütter oder Väter werden nicht erwähnt. Das Buch zementiert, trotz der genannten Ansätze, veraltete Rollennormen. Die traditionelle Kleinfamilie wird als einzige (positive) Lebensform dargestellt.

Herausgepickt

Über wen wird hier gelacht?

Auslachen und ausgelacht werden sind wichtige Themen für Primarschulkinder und haben in einem Schulbuch ihren Platz. Von jenem Mädchen, die sich mit Fantasie wehrt und beim Zeichnen von geometrischen Formen ihre eigenwillige Lösung findet, wurde bereits gesprochen. Sie bietet eine geschickte, konstruktive Lösung an. Anders verhält es sich dagegen in der „Geschichte von der Frau, die immer an etwas anderes gedacht hat". Die Frau will Wäsche waschen, Kartoffeln kochen und die Küche putzen. Da sie in Gedanken nicht bei ihrer Arbeit ist, macht sie alles verkehrt und richtet damit ein Chaos an (z.B. schüttet sie das Waschmittel in den Kochtopf, worauf das Seifenwasser überkocht und die ganze Küche überschwemmt). Am Schluss lacht sie und meint, nun sei durch das Seifenwasser wenigstens die Küche sauber. Und dann macht sie wirklich alles richtig (S. 92 f.).

Nun mag es für Kinder befreiend sein, über Erwachsene zu lachen, weil offensichtlich auch ihnen nicht alles gelingt und sie Fehler machen. Zudem hat die Geschichte witzige Aspekte, indem alles

durcheinander gerät. Aber sie ist insgesamt zu wenig überzeichnet, um deutlich als Karikatur erkennbar zu sein. Die Frau wirkt nicht nur unkonzentriert, sondern dumm. Dass für diese Geschichte die Arbeit der Hausfrau ausgewählt wurde, die ohnehin gesellschaftlich nicht genügend anerkannt ist und als einfach gilt, ist äusserst problematisch und zementiert Vorurteile.
Gelacht wird hier auf Kosten einer dümmlichen Hausfrau. Die Kinder dürfen sich überlegen und in eine Sprechblase einschreiben, warum die Frau unkonzentriert ist. Bei der Anlage dieser Geschichte ist zu erwarten, dass klischeehafte oder gar sexistische Sätze vorgebracht werden. Diese sind nicht den Schülerinnen und Schülern anzulasten, sondern vom Text provoziert. Er gehört nicht in ein Schulbuch.

Umsetzungsideen für den Unterricht

Was das Mädchen sagt – und nicht nur denkt

Mit diesem Lehrmittel ist es für Lehrkräfte nicht einfach, Mädchen und Jungen gleiche Chancen und Gleichstellung als Prinzip zu vermitteln. Einige Bilder und Texte im Lesebuch lassen sich umdeuten, weil die wertenden Zuschreibungen nur im Handbuch für die Lehrkräfte vorhanden sind:

- Das Bild, auf dem Tomi mit seinem Vater kocht, kann als normale Alltagssituation behandelt werden oder als Ausgangspunkt für die Frage, wer zuhause welche Aufgaben verrichtet: Mutter, Vater, Mädchen und Jungen (S. 22 f.). Hier können unterschiedliche Modelle thematisiert und kann die Vielfalt moderner Lebensformen aufgenommen werden. Daran anknüpfend formulieren Jungen und Mädchen z.B. ihre Wünsche und Ansprüche an den Vater. Damit wird das Kapitel „Unser Vater"

(Handbuch S. 235) erweitert. Anstelle der undifferenzierten Idealisierung im Buch werden konkrete Anliegen im Alltag genannt, z.B.: „Mit meinem Vater mache ich gerne..., unternehme ich..., ich helfe meinem Vater bei..., wir arbeiten zusammen am..." usw.

- Mit ergänzenden Materialien liesse sich auch das Fasnachtsspiel erweitern. Eine Lehrperson kann die Kinder ermutigen, auch atypische Verkleidungen zu wählen und Verschiedenes auszuprobieren. Die Fotos im Buch können dann mit eigenen Bildern ergänzt werden, die wirklich Offenheit für viele verschiedene Rollen darstellen (S. 40 f.).
- Der Text zur Doppelorientierung von Frauen an Hausarbeit und Beruf kann mit Bildern ergänzt werden, die Frauen in der Berufswelt zeigen und Männer bei der Hausarbeit. Denkbar wäre, hier das Berufe-Doppelspiel* in der Klasse aufzulegen. Es enthält Bildpaare von Berufen. Auf der einen Karte ist eine Frau, auf der anderen ein Mann abgebildet. Im Spiel erfahren die Kinder, dass Gabelstaplerfahren als Beruf ebenso für Frauen und Männer möglich ist wie Kleinkindererzieherin oder eben Kleinkindererzieher (S. 70, 71).
- Ausgebaut werden können auch jene Geschichten, die Konflikte zwischen Erwachsenen und Kindern zum Inhalt haben. Als Beispiel wäre „Die Geschichte vom Springseil" zu nennen. Dort werden Kinder von erwachsenen Männern beim Spielen immer wieder vertrieben oder ermahnt: Wenn sie mit dem Ball spielen, dürfen sie nicht so laut schreien, wenn sie Trottinett fahren, sollen sie nicht so laut klingeln und hupen, wenn sie mit dem grossen Springseil spielen, versperren sie den Erwachsenen den Spazierweg (S. 82 f.). Dieser Text behandelt gemäss Handbuch „die Konflikte zwischen dem Spielbedürfnis von Kindern und den An-

* Berufe-Doppelspiel. Damit die Gleichstellung von frühester Kindheit an erlernt wird. Hrsg. vom Büro für Gleichstellung Genf u.a. Carlit und Ravensburger AG Würenlos

sprüchen Erwachsener. Die Kinder sollen erfahren, welche Wirkungen höfliche und unhöfliche Verteidigungsmuster haben und wie sie das Verständnis der Erwachsenen erreichen können" (S. 245 f.). Bei diesem Beispiel können auch geschlechtsspezifische Reaktionen thematisiert werden. Erwachsene reagieren zum Teil anders auf Mädchen als auf Jungen. Sinnvoll ist, dass Mädchen und Jungen sich unabhängig voneinander geeignete Reaktionen überlegen bzw. spielen und gestalten. Bei der Auswertung ist darauf zu achten, dass alle Vorschläge aufgenommen werden und dass Jungen auch Lösungsvorschläge von Mädchen spielen und umgekehrt. Dabei sind allfällige geschlechtsspezifische Reaktionen nicht zu betonen, um Rollenzuschreibungen nicht zu zementieren. Das Augenmerk ist auf die Erweiterung der Handlungsmöglichkeiten zu richten.

- Ermunterung zur Selbstständigkeit für Mädchen (und für Jungen) kann auch in der Episode von Rita beim Einkaufen erfolgen (S. 62). Das Mädchen wartet vor der Kasse in der Schlange. Eine Frau drängt sich vor, das Mädchen wird wütend. Eine Person hinter dem Mädchen in der Schlange reagiert mit einem lauten „Unerhört!" Die Kinder haben die Aufgabe, im Text einzusetzen, was das Mädchen denkt. Diese Übung ist zu erweitern, wie es das Handbuch für die Lehrkräfte teilweise auch anregt (S. 228 f.). Wie fühlt sich Rita? Was denkt sie? Was möchte sie am liebsten tun? Was getraut sie sich nicht zu sagen und wie kann sie sich erfolgreich wehren?
Die Situation ist sehr für Rollenspiele geeignet.

Viele andere Bilder und Texte sind dagegen sehr problematisch, da sie mehr oder weniger subtil Rollenklischees perpetuieren. Zu nennen wäre etwa das Bild, das eine Scheune in Flammen zeigt: Die dargestellten Männer versuchen die aufgeschreckten Pferde zu halten und die Tiere zu befreien. Die einzige Frau auf dem Bild rennt mit hocherhobenen Armen über die Wiese, offenbar voller Angst und ohne erkennbares Ziel (S. 32 f.). Eine Ergänzung dürfte hier allzu didaktisch wirken, ebenso die unablässige Thematisierung der unterschiedlichen Rollenzuschreibungen bei Frauen und Männern. Problematisch wird sich auch der Einsatz von Texten und Bildern über fremdsprachige bzw. eingewanderte Kinder gestalten, weil sie im Buch nicht vorkommen. Vermittelt wird damit eine angebliche Sonderstellung zugewanderter Menschen.
Dieses Lehrmittel spricht Mädchen und Jungen nicht gleichermassen an; genauso wenig Kinder unterschiedlicher kultureller Herkunft. Als Grundlage eines gleichberechtigten Unterrichts für eine Pädagogik der Vielfalt ist es nicht geeignet.

7. Von erfolgreichen Männern und Jungen und einem Silberstreifen am Horizont

Die untersuchten Sprachbücher der Sekundarstufe I

Der Silberstreifen, von dem im Titel die Rede ist, gilt dem Sprachbuch, das als erstes vorgestellt wird. Das *Schweizer Sprachbuch sieben/acht* ist zwar 1972 erstmals erschienen; die letzte Ausgabe aus dem Jahr 1993 wurde aber einer umfassenden Revision unterzogen. Dieses Buch ist eindeutig das modernste der untersuchten Sprachlehrmittel dieser Stufe.
Die beiden anderen Sprachbücher, *Welt der Wörter 2* und *Deutsch für Dich 2*, stammen aus den Jahren 1984 beziehungsweise 1977. Untersucht wurden die letzten Ausgaben von 1997 beziehungsweise 1996. In beiden Büchern hat sich aus Gleichstellungssicht kaum etwas geregt zwischen der Erstausgabe und der letzten Auflage.
Aktuell sind die Vorarbeiten für ein neues Sprachlehrmittel für das 8. Schuljahr der Sekundarstufe I im Gange, das in ungefähr zwei Jahren erscheinen wird. Es bestehen gute Gründe für die Aussicht, dass mit dem neuen Lehrwerk der Silberstreifen am Schulbuchhorizont breiter wird: auf dass den bisherigen männlichen Tausendsassas eigenständige Mädchen und Frauen gegenüberstehen und sich gelebte Vielfalt spiegelt – wie im wirklichen Leben.

Projektleitung	Markus Diebold
Gesamtberatung	Elly und Hans Glinz
Redaktionskommission	Walter Bisculm, Markus Diebold, Elly Glinz, Hans Glinz, Josy Jurt Betschart, Johanna Krapf-Schläpfer, Markus Ramseier, Werner Senn, Joachim Suchomski, Guido Tobler, Silvia Vogel, Rolf Walter
Umschlaggestaltung	Claudio Gnani
Verlag	sabe AG, Verlagsinstitut für Lehrmittel, Zürich

Ausgabe B	
Redaktion	Albert Grimm, Andreas Ochsner
Lektorat	Markus Diebold
Weitere Mitarbeiter	(für Übernahmen aus der Ausgabe A) José Meier, Klaus Minning, Joachim Suchomski, Albert Wettstein
Grafische Gestaltung	Renzen & Partner, Aarau (Serge Sarbach)
Illustrationen	Monic Baumann, Serge Sarbach
Neubearbeitung 1993	(Erscheinungsjahr: 1972)

Das Wichtigste auf einen Blick

Das *Schweizer Sprachbuch sieben/acht** erfüllt wichtige Standards zur Gleichstellung. Die Bemühungen, geschlechtsspezifische Rollenzuschreibungen und Klischees zu vermeiden, sind unverkennbar. Die Autorinnen und Autoren sind für diese Thematik sensibilisiert.

Das Lehrwerk zeigt weibliche wie männliche Personen in unterschiedlichen Tätigkeiten und Rollen, wenn es auch oft nicht wirklich neue und innovative Modelle darstellt. Mädchen und Frauen sind Handlungsträgerinnen und übernehmen auch Hauptrollen. Rein zahlenmässig sind sie aber weiterhin untervertreten. Zudem dominieren bei einzelnen Aspekten traditionelle Verhaltensweisen von Männern und Frauen – weit mehr, als dies der heutigen Realität entspricht. Zuweilen haben sich auf subtiler Ebene geschlechtsspezifische Zuschreibungen eingeschlichen, die nicht reflektiert sind. Problematisch ist insbesondere, dass Gewalt gegenüber Mädchen und Frauen zwar vorkommt, aber nicht als Thema angesprochen wird. Diese Ungereimtheiten illustrieren, dass auch neue Lehrmittel mit dem Anspruch auf gleichwertige Darstellung von Männern und Frauen immer wieder kritisch überprüft und an den gesellschaftlichen Bewusstseinsprozess angepasst werden müssen.

Das *Schweizer Sprachbuch sieben/acht* enthält insgesamt viele Stellen, die zum Hinterfragen von gängigen Normen dienen können, es fehlen oft aber die entsprechenden Hilfestellungen. Ob eine vertiefte Auseinandersetzung stattfindet, ist somit von der Unterrichtsgestaltung der Lehrkraft abhängig. Ein Kapitel ist ausführlich dem Thema „Frau und Mann in der Sprache" gewidmet. Darin werden die Schülerinnen und Schüler für bewusste und unbewusste geschlechtsspezifische Zuschreibungen sensibilisiert.

Diese Sensibilisierung wird in den übrigen Kapiteln des Lehrmittels nicht immer umgesetzt. Insbesondere bei den Berufen erfüllt das Lehrmittel die Standards nicht. Zwei Drittel der Berufsbezeichnungen sind männlich. Zudem finden sich dort viele geschlechtsstereotype Zuweisungen. Allgemein verharren die Erwachsenen weitgehend in traditionellen Rollen. Den Männern werden dabei noch weniger neue Spielräume eröffnet als den Frauen. Insbesondere Mütter und Väter sind fast ausschliesslich in traditioneller Arbeitsteilung dargestellt. Die Kernfamilie mit dem Vollzeit berufstätigen Vater und der für Kindererziehung zuständigen Mutter kommt – mit einer Ausnahme – als einzige Familienform vor.

Insgesamt ist das Buch punkto Gleichstellung dennoch positiv zu bewerten. Ausgespart bleibt aber ein wichtiger Teil. Aus fremden Kulturen eingewanderte Jugendliche finden in diesem Buch keine direkten Vorbilder. Offenbar war es bei der Überarbeitung des Lehrmittels kein Ziel, die Veränderungen in Richtung einer multikulturellen Gesellschaft der Schweiz darzustellen (Kommentar, S. 3, 4). Weder auf den Bildern noch bei den Themen oder der Wahl der Namen lassen sich Hinweise darauf finden, dass in der Schweiz viele Menschen leben, die nicht Deutsch als Erstsprache sprechen und die Fähigkeiten, Wissen und Normen aus anderen Kulturkreisen mitbringen.

---

* Das Lehrmittel wurde erstmals 1972 publiziert und 1993 umfassend überarbeitet. Es enthält den Lernstoff für zwei Schuljahre und erscheint in zwei verschiedenen Ausgaben: Die Ausgabe A ist für erweiterte Ansprüche, die Ausgabe B für Grundansprüche konzipiert. Die beiden Sprachbücher sind weitgehend identisch. Einzelne Themen und Inhalte werden aber in der Ausgabe A vertiefter behandelt, und einige Texte sind jeweils exklusiv im einen oder anderen Lehrmittel zu finden. Es wurden beide Ausgaben untersucht.
Die Analyse bezieht sich auf die Ausgabe B. An einzelnen Stellen wird – besonders bei grösseren Abweichungen – auch Ausgabe A einbezogen.

Ausgezählt

Das *Schweizer Sprachbuch sieben/acht* erfüllt zahlenmässig nur teilweise die Standards zur Gleichstellung. Auf den Bildern sind Frauen und Mädchen leicht untervertreten, bei den Texten dominieren die Männer mit rund 60% klar. Bei der Produktion waren Frauen eine deutliche Minderheit, das Gleiche gilt für die Zahl der Autorinnen, von denen Werke in das Lehrmittel aufgenommen wurden.

Wer war an der Produktion beteiligt?

	Frauen	Männer
Projektleitung	–	1
Gesamtberatung	1	1
Redaktionskommission	4	8
Umschlaggestaltung	–	1
Redaktion	–	2
Lektorat	–	1
Weitere Mitarbeiter	–	4
Grafische Gestaltung	–	1
Illustrationen	1	1
Total	**6**	**20**

Wie viele Texte von Frauen und Männern kommen vor?

(Quellenangaben aus dem Lehrmittel)	Frauen	Männer
	9	31

Ausgezählt wurden lediglich jene Texte, die mit Namen der Autorinnen und Autoren versehen sind. Die Texte aus dem Kommentarbuch sowie Hinweise aus demselben auf Autorinnen und Autoren, welche im Buch für Schülerinnen und Schüler nicht namentlich erwähnt sind, wurden nicht berücksichtigt.

Wer kommt wie oft auf den Bildern vor?

	Mädchen/Frauen	Jungen/Männer
Kinder (Fotos)	27	24
Kinder (Illustrationen)	12	15
Total Kinder	**39**	**39**
Erwachsene (Fotos)	33	32
Erwachsene (Illustrationen)	23	38
Total Erwachsene	**56**	**70**
Insgesamt	**95 (47%)**	**109 (53%)**

Die Zahl der abgebildeten Kinder und Jugendlichen ist ausgeglichen, während Frauen im Vergleich zu Männern um fast 25% schlechter vertreten sind.

Wer kommt wie oft in den Texten vor?

	Mädchen/Frauen	Jungen/Männer
Kinder	65	70
Erwachsene	64	135
Total	**129 (39%)**	**205 (61%)**
Übungsbeispiele (ein Satz)		
Kinder	19	22
Erwachsene	37	57*
Total	**56 (41,5%)**	**79 (58,5%)**
Insgesamt	**185 (39,5%)**	**284 (60,5%)**

* Darunter finden sich Häufungen: Auf 2 Seiten sind 15 männliche Personen erwähnt.

Zur Sprache

Ein Ziel der Überarbeitung des *Schweizer Sprachbuchs sieben/acht* von 1993 war die sprachliche und inhaltliche Gleichbehandlung von Frau und Mann (Kommentar S. 3). Beide Ausgaben des Lehrmittels wurden überarbeitet und grundsätzlich geschlechtergerecht formuliert. Verwendet werden in erster Linie Paarformen. Jugendliche, an die sich das Lehrmittel richtet, werden konsequent mit Schülerinnen und Schülern angesprochen. Dennoch wurde die sprachliche Gleichstellung nicht immer stringent umgesetzt: In einigen Texten oder Übungsanleitungen, in denen von mehreren nicht näher definierten Personen die Rede ist, findet sich die männliche Sprachform (Kunden, Mitschüler, Anwohner, Besitzer, Reporter, Briefpartner, Experten, Zuschauer, Leser, Schüler und Lehrer).

Eine Vielzahl von Handlungsangeboten

Grundsätzlich bietet das Lehrmittel eine Vielfalt von Handlungsangeboten ohne geschlechtsspezifische Zuweisungen. Die meisten Bilder und Texte stellen weder auffallend stereotype noch neue, ungewöhnliche Rollen dar. In Übungen wie z.B. der Deutung von Gesten (S. 9) wurde auf geschlechterstereotype Interpretationen verzichtet. Bilder, die einen direkten Bezug zum Alltag der Jugendlichen haben, stellen zu gleichen Teilen aktive Mädchen und Jungen dar (vgl. etwa eine diskutierende Gruppe von Schülerinnen und Schülern, S.18). Die grafische Gestaltung und die Illustrationen sind zeitgemäss. Ebenso ansprechend und aktuell sind die Darstellungen der Personen auf Fotos und Illustrationen bezüglich Kleidung und Frisuren. Die Texte knüpfen oft am Alltag der Jugendlichen an und bieten spannende Ansätze zu Diskussionen und Auseinandersetzungen. In den Texten werden Männer häufiger erwähnt, aber bei den Übungsanleitungen sind Mädchen und Frauen etwa gleich oft vertreten wie Jungen und Männer. In mehreren Texten haben einzelne Personen undankbare Rollen inne. Diese sind auf beide Geschlechter etwa gleich verteilt.
Auf den Bildern gibt es – bezogen auf die Tätigkeiten – viele Gemeinsamkeiten zwischen weiblichen und männlichen Figuren: Beide lesen Zeitschriften, spielen ein Instrument, sind mit anderen Menschen im Gespräch, gehen einer Arbeit nach usw. Trotzdem

finden sich einige Beispiele, die gängigen Klischees entsprechen: In der Küche sind nur Frauen beschäftigt. Personen, die mit Kindern (auf dem Arm, an der Hand, beim Geschichtenerzählen) abgebildet sind, sind fast ausschliesslich weiblich. (Die Ausnahme bildet ein Cartoon, der einen Vater mit seinem Sohn auf dem Fahrrad zeigt). Dagegen sind Auto, Zug, Velo und Wasserski fahrende Personen männlich. Männer werden auch mit Aktenkoffer, Schirm,

Zigarette oder Mikrofon gezeigt. Und drei abgebildete berühmte Personen sind alle männlichen Geschlechts. Als Beispiele stereotyper Rollen seien hier erwähnt:

- Im Krimi eines Autors sind die Hauptrollen von Männern besetzt. Sie sind clever, rechnen miteinander ab usw. Die beiden im Text in Nebenrollen vorkommenden Frauen sind folgendermassen erwähnt: „(...) Dann gab er eine Bestellung auf, während seine Partnerin zum Lippenstift griff." Und: „(...) und seine Frau gerade in der Küche Kaffeewasser aufsetzte" (S. 67 f.).
- Bei einer weiblichen Figur, über die eine Geschichte geschrieben werden muss, werden Eigenschaften betont, die bei einer männlichen Figur kaum hervorgehoben würden: „Lea, Briefbotin, ledig, schlank (...) sehr gepflegt, freundlich und hilfsbereit, (...) mitteilsam, aber nicht geschwätzig" (S. 94).

- Ein Text handelt von Frauen und Männern an einer Klassenzusammenkunft. Es liegen zwei Fotos vor: Eines zeigt die Schülerinnen und Schüler von damals, das andere ist eine aktuelle Aufnahme vom Klassentreffen. Im Kommentar werden bei Männern eher Beruf und Erfolg betont, bei Frauen das Aussehen: Ein Mann erreichte an der Olympiade im 3000-m-Steeple den dritten Rang, einer ist heute Feuerwehrkommandant und drei Männer fehlen am Treffen, da sie in Übersee sind. Eine Frau trägt wie damals als Mädchen immer noch gerne Ketten und hat, wie ihre Nachbarin, ihr Lachen nicht verloren (S. 198).

Herausgepickt

Hochnäsig oder scheu? Vom Fremdbild und Selbstbild

Eine Übung heisst: „Wer bin ich?" (S. 109). Eine Jugendliche beschreibt sich selber und vermittelt dabei das Bild eines scheuen, unsicheren, verträumten, konfliktscheuen und vergesslichen Mädchens. Die Fremdeinschätzung der gleichen Person durch eine Mitschülerin zeigt das Bild einer lieben und netten Kameradin, die aber manchmal hochnäsig und stolz wirkt. Die Auseinandersetzung mit negativen Aspekten des eigenen Verhaltens ist für Jugendliche ohne Zweifel wichtig. Das Beispiel regt zum Nachdenken an: Kann die gleiche Handlung unterschiedlich interpretiert werden? Oder sind *scheu* und *hochnäsig* zwei Seiten der gleichen Medaille?

Es bleibt die Frage, ob das Beispiel günstig gewählt ist. Gerade Mädchen leiden in diesem Alter unter mangelndem Selbstwertgefühl und sie werden von ihrer Umgebung stärker auf die Norm der Gefälligkeit und des Sozialen festgelegt als die Jungen. Keine Schwächen zeigen und sich bei Unsicherheit hinter einer dominanten oder coolen Fassade verstecken ist zudem auch – oder gerade besonders – ein Thema für Jungen. Und diese werden noch

immer weniger darin gefördert, eigenes Verhalten kritisch zu reflektieren. Aus diesen Gründen wäre hier das Beispiel eines Jungen angebracht resp. zumindest je ein Beispiel für Jungen und Mädchen. Dies würde die Jungen auch mehr zu einer Auseinandersetzung motivieren.
Sich mit dem Fremdbild auseinander zu setzen, braucht Vertrauen und Mut. Darauf wird im Kommentarband auch verwiesen und es wird betont, dass die Übungen mit der nötigen Sorgfalt durchgeführt werden müssen (Kommentar, S. 134). Insgesamt ist das Thema „Selbsteinschätzung/Fremdeinschätzung" spannend und nicht wertend gestaltet. Und dennoch – wäre es für das Selbstwertgefühl der Jugendlichen nicht aufbauender, wenn im vorgegebenen Beispiel die Eigenschaften, die vom Ich als Schwäche empfunden werden, von anderen positiv gedeutet würden? Vielleicht könnte dies den Jugendlichen eher helfen, abweisende Verhaltensweisen zu überwinden, als deren explizite Kritik.

Die Managerin und der einsame Junge: Unkonventionelle Rollenbilder

Das Lehrmittel zeigt einige unkonventionelle Rollenbilder und verweist die Schülerinnen und Schüler damit auf eine breite Palette von Handlungsmöglichkeiten. Verschiedene üblicherweise von Männern besetzte Rollen haben Frauen inne, wie z.B. die Spionin oder die Managerin. Männer werden im Gegensatz dazu nur selten in traditionell weiblichen Rollen oder mit eher weiblich assoziierten Eigenschaften dargestellt. Hier einige Beispiele:

- Ein Beitrag aus einer Zeitung von 1886 zeigt zwei Frauen auf einem Veloziped (S. 74).
- Ein Bild zeigt neben einem Mädchen und einem Jungen, die CDs auflegen, zwei Mädchen, die einen Text lesen, den sie nachher für eine Radiosendung übers Mikrofon aufnehmen wollen (S. 39).

- Auf einer Illustration sind eine Richterin und ein Angeklagter abgebildet (S. 218).
- Esther will an der Seeüberquerung teilnehmen, ihr Freund Werni traut sich dies nicht zu (S. 21).
- Ein Text handelt von einer Frau, die auf abenteuerliche Weise und unter schwierigen Verhältnissen im Kaukasus unterwegs ist (S. 17).
- Eine junge Frau wird wie folgt eingeführt: „Eine junge Schweizerin, die nach Amerika gekommen war, um dort für einige Zeit das Land kennen zu lernen, hoffte, sich mit Gelegenheitsarbeiten über Wasser halten und ihr eher mageres Reisebudget etwas aufbessern zu können." (S. 174)

Lernziel Spannung: Gewalt gegen Mädchen und Frauen
In zwei Texten kommen Gewalt und Übergriffe gegen Frauen und Mädchen vor, sie werden aber nicht direkt angesprochen.

- Ein Text handelt von zwei Mädchen und zwei Jungen, deren Schulweg an einem Maisfeld vorbeiführt, was den Mädchen vor allem am Abend beim Einnachten jeweils Angst macht. Die Knaben lachen sie aus und drohen ihnen, sie einmal so richtig zu erschrecken. Wenig später fahren die Mädchen mit dem Fahrrad einem Maisfeld entlang. Sie fühlen sich von einem Mann, der hinter ihnen fährt, bedroht. Dabei geht es um eine wohl den meisten bekannte Situation: Die Mädchen glauben, der Mann passe sein Tempo dem ihren an, er sehe sie beim Vorbeifahren an usw. Die Auseinandersetzung mit dieser Thematik ist aber nicht Inhalt und

Ziel der Übung. Es geht hier vielmehr darum, die besonders spannenden Stellen im Text zu suchen. Das Lernziel ist also, die Bedrohung von Mädchen möglichst packend zu schildern. Problematisch ist bei diesem Text zudem, dass er dem erwiesenermassen falschen Bild Vorschub leistet, dass Gewalt vor allem von Unbekannten und Fremden ausgeht und nicht von Bekannten und Verwandten. Im-

Sonja erzählt einen Streich:

Der unheimliche Fremde

Im letzten Herbst mussten Markus, Timo, Rahel und ich jeden Tag auf dem Radweg zur Schule an einem Maisfeld vorbeifahren. Wir Mädchen hatten dabei vor allem am Abend beim Einnachten immer Angst. Die Knaben lachten uns darum aus und drohten, uns einmal so richtig zu erschrecken. An einem Donnerstag stellten wir nach der Schule fest, dass die Velos der Knaben bereits weg waren. «Die hatten sicher früher aus und sind schon nach Hause gefahren», meinte Rahel. Wir bestiegen nichtsahnend unsere Stahlesel und fuhren los. Wie immer pressierten wir nicht und trieben allerlei Unfug auf dem Heimweg. Ausserhalb des Dorfes bogen wir in den Radweg ein. Dabei überholte uns ein Mann mit dunkler Arbeitskleidung. Wir beide schauten uns an und hatten den gleichen Gedanken. «Hast du diesen Kerl schon einmal gesehen?» flüsterte Rahel mir zu. Ängstlich gab ich zurück: «Nein, der kommt mir unbekannt vor, und wie der uns angegafft hat!» «Komm, wir fahren langsamer», mahnte sie mich. Sofort verlangsamten wir unser Tempo. Doch der Mann, der ungefähr 30 Meter vor uns fuhr, schien den gleichen Gedanken zu haben und verlangsamte sein Tempo auch. Er hatte es offenbar nicht mehr so eilig, richtete sich auf und fuhr jetzt plötzlich freihändig. Das Maisfeld, an dem wir eben entlangfuhren, schien uns nicht mehr zu stören. Gebannt schauten wir nach vorn, vor Schreck gelähmt. Mir lief kalter Schauer über den Rücken hinunter. «Wenn der es auf uns abgesehen hat ...», weiter kam ich nicht, denn vor uns gab es Geschrei, zwei Gestalten tauchten aus dem Maisfeld auf, der Mann zuckte zusammen und stürzte. Bis wir die Unglücksstelle erreicht hatten, war der Mann bereits wieder auf den Beinen. Daneben standen mit hochroten Köpfen unsere beiden Klassenkameraden. Eben setzte der Mann zu einer Ohrfeige an, und laut klatschte diese an Timos Kopf. «Ihr Schlingel, was glaubt ihr eigentlich, mich so zu erschrecken, seid ihr eigentlich von Sinnen? Das hätte weit schlimmer ausgehen können, seid froh, wenn ich euch nicht anzeige. Wie heisst ihr eigentlich?» Kleinlaut gaben beide ihre Namen und Adressen an. Uns taute es. Verstohlen grinsten wir. Der Mann beschaute sein Velo, bog dann die Lenkstange zurecht und stieg wieder auf sein Fahrrad. Auch die Knaben holten nun ihre Velos, und schweigend setzten wir zu viert unseren Heimweg fort. Wer anderen eine Grube gräbt, fällt selbst hinein. Dieses Sprichwort fiel mir auf der Weiterfahrt noch ein. Es stimmt.

2 Wie hat Sonja ihre Erzählung gestaltet?

3 Wo sind besonders spannende Stellen?

merhin sind die Jungen, die die Angst der Mädchen provozieren wollen, am Schluss der Geschichte nicht erfolgreich. Sie fallen sprichwörtlich selber in die Grube, die sie andern graben wollten (S. 99).

- In einer weiteren Übung geht es um Zeugenaussagen. Wessen der Angeklagte verdächtigt wird, bleibt unklar (S. 185). Einvernommen wird auch die Freundin des Angeklagten. Von ihr ist zu erfahren, dass sie die Lehre bei X endgültig abbreche, denn „ihr Chef tue immer noch so blöd und belästige sie dauernd". Die sexuell belästigte junge Frau ist die Freundin des Angeklagten. Dadurch wirkt sie unglaubwürdig und suspekt. Zumindest scheint sie vom Verbrechen oder Vergehen ihres Freundes gewusst zu haben. Unterschwellig leistet der Text der häufig zu beobachtenden Stigmatisierung der Opfer und der Solidarisierung mit den Tätern Vorschub. Es ist unzulässig, das sensible Thema der sexuellen Belästigung in einem ungeklärten Zusammenhang und nebenbei zu erwähnen. Auch das Kommentarbuch geht nicht auf die Thematik ein, sondern beschränkt sich auf die sprachlichen Aspekte (Kommentar, S. 200).

Wenn das Thema Gewalt als reine Sprachübung missbraucht wird, lernen die Schülerinnen und Schüler nebenbei, dass sexuelle Belästigung und Bedrohung von jungen Frauen offenbar *normal* und sogar *spannend* sind oder dass nur suspekte Frauen belästigt werden. Es ist unabdingbar, das Thema vertieft zu behandeln. Dabei muss jede Belästigung und jeder Übergriff klar als Gewalt bezeichnet werden. Mädchen (und Jungen) sind darin zu bestärken, sich in solchen Situationen zu wehren und Belästigungen und Übergriffe nicht geheim zu halten. Sie sollen wissen, welche persönlichen und rechtlichen Möglichkeiten sie haben und wo sie Hilfe holen können. Für eine vertiefte Auseinandersetzung liefern diese Texte weder Material noch Anregungen.

Frau und Mann in der Sprache

Ein Kapitel ist dem Thema *Frau und Mann in der Sprache* gewidmet (S. 187 f.). Als Ziele der Übungen werden im Kommentarbuch die folgenden aufgeführt:

- „Schärfung des Blicks für sprachlichen Sexismus;
- Erkennen und Diskutieren von Beispielen aus dem Alltag;
- Lösungsmöglichkeiten suchen und finden;
- sprachliche Gleichstellungstendenzen im grösseren Zusammenhang mit der Gleichberechtigung von Mann und Frau sehen" (Kommentar, S. 202 f.).

Das Thema wird von verschiedenen Seiten angegangen: Die Analyse von zwei Uhrenwerbungen zeigt, wie in Beschreibungen von Gegenständen Vorstellungen von Weiblichkeit und Männlichkeit einfliessen und mit Reklame stereotype Rollenzuschreibungen erfolgen.

In einer anderen Übung sollen sich Schülerinnen und Schüler fragen, welche Vorstellungen von Frauen und Männern hinter den Zitaten stehen, die gemäss Kommentarbuch „aus einer heute hoffentlich überholten Zeit" stammen. Dort finden sich folgende Sprichwörter und Aussagen: „Die Frau ist eine Falle der Natur. Sie ist ein Übel, aber ein notwendiges. (...) Die Frau ist ein Löschblatt. Sie nimmt alles auf und gibt es verkehrt wieder." „Das ist gesprochen wie ein Mann." „Der Mann ist des Weibes Haupt." Aktuellere und subtilere Zuschreibungen, die auch in den Klassen umstritten sein könnten, fehlen. Sie wären für die Schärfung der Wahrnehmung und des Bewusstseins wohl besser geeignet.

Der Gleichstellungsartikel in der Bundesverfassung (Artikel 4, Absatz 2) und weitere Gesetzesparagrafen werden in einer nächsten Übung auf ihre sprachliche Gleichstellung geprüft und sollen von den Schülerinnen und Schülern so geändert werden, dass auch wirklich beide Geschlechter angesprochen sind. Bei einem Auszug

aus einem alten Sprachbuch sind die weiblichen Bezeichnungen für traditionelle Männerberufe resp. die männlichen für Frauenberufe gesucht. Hier wird vermittelt, dass auch in Schulbüchern geschlechtsspezifische Zuschreibungen erfolgen.
Der Kommentar für Lehrkräfte vermerkt: „Die sprachliche Bewältigung des Gleichstellungsproblems treibt manchmal Blüten" (Kommentar, S. 203). Dies soll die letzte Übung des Kapitels verdeutlichen. Für eigenartige Kreationen wie z.B. „Bei uns ist der Kunde König und Königin" werden Lösungen angeboten, und Hinweise wie „Achtung: Diebe!" werden dahingehend hinterfragt, ob Diebe immer männlichen Geschlechts seien.
Jungen erhalten wenig Anreize, darüber nachzudenken, wie sie durch starre Rollenzuschreibungen eingeschränkt werden. Das Kapitel ist dennoch in der jetzigen Form wichtig. Es gibt einige Impulse zur Auseinandersetzung mit der Diskriminierung von Frauen (in der Sprache). Weiterführende Ideen für konkrete Übungen zur Sprachschulung sind unter *Sprachfindig* auf Seite 118 nachzulesen.

Herausgepickt

Unterschiede zwischen den Ausgaben A und B

Ein Vergleich der Ausgaben A und B zeigt in Bezug auf Chancengleichheit von Männern und Frauen kleinere und grössere Unterschiede. Offensichtlich haben die Autorinnen und Autoren geschlechtsspezifische Rollen geändert und zum Teil umgekehrt. In Ausgabe A etwa sieht ein Raumpfleger bei seinen Putzarbeiten im Postgebäude, dass der Nachbar einen Brief vom Betreibungsamt bekommt, und erzählt davon seinem Freund. In Ausgabe B sind beide Rollen mit Frauen besetzt (S. 90).
Unerklärlich bleibt, weshalb das Kapitel *Frau und Mann in der Sprache* in der Ausgabe A fehlt. Gerade dieses Kapitel ist innovativ und für die Sensibilisierung der Jugendlichen wichtig.

Eine Ärztin – aber kein Krankenpfleger

In Berufswelt und Politik dominieren die Männer klar, und zwar im Verhältnis von 2:1 bis 4:1. So werden im Schulbuch 22 weibliche und 42 männliche Berufsbezeichnungen genannt. Auf zwei Frauen in leitenden Positionen kommen acht Männer. Eine Lehrmeisterin steht vier Lehrmeistern gegenüber. Nur für zwei weiblich, aber für acht männlich bezeichnete Berufe ist ein Studium erforderlich. Schliesslich beträgt das Verhältnis von Frauen zu Männern in politischen Ämtern 1:3.

Von den 22 weiblichen Berufsbezeichnungen ist mindestens die Hälfte den typischen Frauenberufen zuzuordnen.* Fünf Berufe gehören den pflegerischen und sozialen Berufsfeldern an, fünf weitere dem Segment Hauswirtschaft und Handel (Haushälterin, Zimmermädchen, Verkäuferin usw.). Es finden sich auch einige wenige traditionell männliche Berufe, wie z.B. Audio-Video-Elektronikerin. Von den 42 männlichen Berufsbezeichnungen ist ebenfalls mindestens die Hälfte den traditionellen Männerberufen zuzuordnen und über ein Viertel sind handwerkliche Berufe. Genannt sind auch einige schlecht bezahlte Berufe wie Coiffeur, Kellner oder Verkäufer, in welchen üblicherweise viele Frauen tätig sind. Eine kurze Auseinandersetzung mit der geschlechtsspezifischen Zuteilung von Berufen erfolgt nur im Rahmen des Kapitels *Frau und Mann in der Sprache*.

Die folgenden Beispiele illustrieren, dass sich die Darstellung der Berufe weitgehend im traditionellen Rahmen bewegt.

- Es werden vier Ärzte und eine Ärztin erwähnt. Neben ihnen

---

* Kriterium für die Bezeichnung der Berufe als Männer- bzw. Frauenberufe ist die Anzahl der 1997 in Ausbildung stehenden Jugendlichen. Als typische Männerberufe gelten jene, die weniger als 30% junge Frauen in der Lehre aufweisen, entsprechend gelten Berufe, in denen über 70% der Auszubildenden Frauen sind, als typische Frauenberufe.
Vgl. Bundesamt für Statistik: Statistik der Lehrverträge, Lehrabschlussprüfungen und Berufsmaturitäten 1997, Bern 1998

arbeiten drei Krankenschwestern und eine Arztgehilfin. Diese haben keine männlichen Berufskollegen.

- Ausgeglichen ist das Verhältnis bei den Lehrkräften, es kommen je fünf vor.
- Personen, die berufsmässig Sport betreiben, sind immer männlich.
- Verkäuferinnen sind besser vertreten als ihre männlichen Berufskollegen, nämlich im Verhältnis 3:1.
- Auf einer Doppelseite sind Stelleninserate abgebildet (S.78, 79). Dabei dominieren zwar die Angebote, die Frauen ansprechen, allerdings sind dies vor allem Stellen, die keine spezielle Vorbildung erfordern. Sie reichen von der „Tochter für Mithilfe am Buffet", über die „16- bis 18-jährige junge Dame", die für ein Jahr die interne Postverteilung erledigen und leichte Büroarbeiten verrichten möchte, zur „jeune fille", die als Au-pair in die Westschweiz (oder nach den USA) gehen möchte. Ein Betrieb bietet eine Lehrstelle als Textilverkäuferin für ein „frisches" Mädchen an. An Jungen richten sich nur zwei Inserate, für einen landwirtschaftlichen Lehrling und einen Verkäufer.

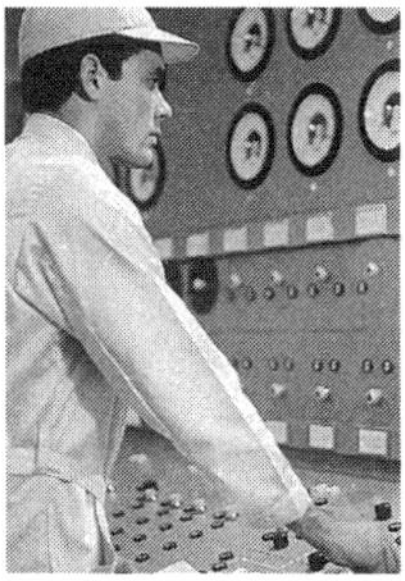

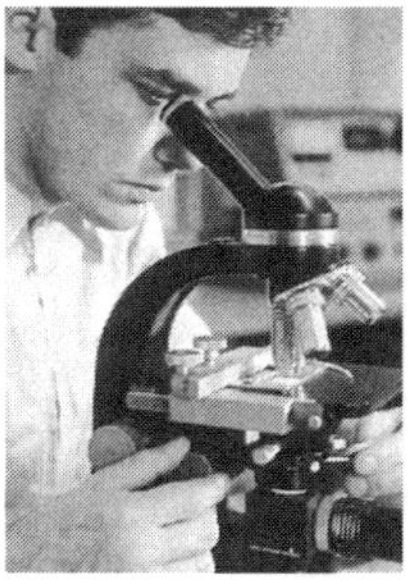

- Im Berufsporträt der Lebensmitteltechnologin/des Lebensmitteltechnologen sind auf sechs Bildern vier Männer und zwei Frauen bei der Arbeit abgebildet. Drei der vier Männer bedienen Schalter und Knöpfe an den Maschinen, einer schaut durch ein

Mikroskop. Die Tätigkeiten der beiden im Arbeitsprozess stehenden Frauen hingegen sind nicht klar definierbar (S. 116, 117). Ausser den Stelleninseraten und diesem kurzen Berufsporträt finden sich keine Übungen und Texte explizit zum Thema Berufswahl. Das Spektrum an Berufen entspricht bestenfalls der aktuellen geschlechtsspezifischen Teilung des Arbeitsmarktes. Es werden letztlich nur wenig Vorbilder gezeigt, die Jungen und Mädchen zu einer offenen Berufswahl jenseits geschlechtsspezifischer Rollenmuster ermuntern würden. Das Kapitel steht insofern hinter dem Anspruch, Chancengleichheit zu fördern, weit zurück.

Die Mutter berät – der Vater verbietet

Im Schulbuch werden 23 Mütter und 12 Väter explizit erwähnt, sie sind aber eher Randfiguren. In Hauptrollen kommen Väter und Mütter in ausgeglichener Zahl vor, sie werden beide bei unterschiedlichen Arbeiten dargestellt. Allerdings überwiegen bei den Müttern die traditionellen Tätigkeiten. Mütter treten meistens in Zusammenhang mit dem Haushalt oder der Kindererziehung in Erscheinung. Väter kommen seltener vor, die Auswahl an Handlungen ist kleiner. Die Männer unterliegen mehrheitlich den gängigen Rollenmustern, kein einziger Vater betätigt sich im Haushalt, wenn man von jenem Vater absieht, der heimlich im Zimmer seiner pubertierenden Tochter den Boden wischt, weil er damit die Mutter vor Herzkrämpfen bewahren möchte (S. 70).

Folgende Beispiele stellen Frauen und Mädchen im traditionellen Rahmen dar, vergleichbare Handlungen von Jungen und Männern kommen nicht vor:

- Die Mutter sitzt beim Coiffeur und redet ununterbrochen.
- Die Mutter hat für den Lehrer ihres Kindes drei Kuchen zum Neujahr gebacken.

- Ein Kind kauft für seine Mutter am Knabenschiessen einen Gemüseschneider.
- Die Mutter ermahnt die Kinder, die Schuhe zu putzen, bevor sie die Wohnung betreten, und sich während ihrer Abwesenheit etwas Richtiges zu kochen.
- Die Tochter muss der Mutter beim Aufräumen der Küche helfen.
- Der Mutter wird abgeraten, ihren Sohn zu besuchen, der mit Brandwunden im Spital liegt. Es wird befürchtet, dass sie den entsetzlichen Anblick nicht ertragen wird.
- Mütter kaufen mit ihren Töchtern Kleider ein.
- Auch das Klischee der verhassten Schwiegermutter fehlt nicht – wenn es auch gebrochen und als Stilfehler verpackt daherkommt: „Kann ich wohl für die Beerdigung meiner Schwiegermutter frei nehmen, die im Sterben liegt? Wäre Ihnen dankbar, wenn Sie mir die Freude machen würden" (S. 130).

Einige Mütter verhalten sich aber unkonventionell: so etwa Bertha Benz, deren Mann Carl Benz den Benzinmotor erfunden hat. Ihre beiden Söhne machen heimlich die erste grössere Ausfahrt mit dem Motorwagen. Sie unternehmen die Reise mit der Mutter, denn sie halten diese für wagemutiger als den Vater, und dieser hätte die Erlaubnis für die Spritztour nie gegeben. Als er von der Ausfahrt erfährt, ist er zuerst eingeschnappt, nachher aber stolz auf seine Frau und die Söhne (S. 76 f.).

Väter werden kaum in ungewöhnlichen Rollen dargestellt:

- Der Vater verbietet dem Sohn den Umgang mit einem Freund, weil dieser einen schlechten Einfluss auf ihn habe.
- Der Vater berät den Sohn bei der Berufswahl.
- Der Vater nörgelt, sein Sohn solle ihm lieber bei der Arbeit helfen, als zu lesen.

Ein Vater fällt aus diesem klischeehaften Rahmen: Er beschreibt liebevoll und mit Humor die Lebensphase, in der seine 15-jährige Tochter steckt. Er lässt dabei durchblicken, wie schwierig es ist, sie in all ihren für die Pubertät typischen Extremen und Widersprüchen zu verstehen, und er wischt ab und zu heimlich ihr Zimmer. Dies allerdings, um die „Mutter vor Herzkrämpfen zu bewahren" (S. 70).

Die meisterwähnte Eltern-Kind-Beziehung ist jene zwischen der Mutter und der Tochter: In sechs Texten ist von den beiden die Rede. In drei weiteren Übungen stehen Mutter und Sohn im Austausch. Mütter sind vor allem Beraterinnen: Sie helfen ihren Kindern bei Halsschmerzen, beim Kleiderkaufen usw. Eine Mutter ist klar negativ gezeigt, sie schlägt ihr Kind. Nur je ein Text handelt von Vater und Tochter bzw. Vater und Sohn. Sehr liebevoll ist die Beschreibung eines Vaters – der Text ist von einem männlichen Autor –, den sich ein Kind wünscht; für jede Gelegenheit den passenden. Beispiel: „(...) ich würde den dicksten wählen, um mit ihm um die Wette zu laufen, (...) den traurigsten, um ihm Geschenke zu machen, (...) den kleinsten, um mich erwachsen zu fühlen" (S. 179).

Grundsätzlich wird ein traditionelles Bild der Familie vermittelt. Alle zwölf erwähnten Familien bestehen aus Mutter, Vater und mindestens einem Kind. Nur bei einer Familie arbeiten Mutter und Vater auswärts. Es gibt keine Männer, die einen tragenden Teil der Haus- und Familienarbeit übernehmen.

Im ganzen Buch kommt eine einzige allein erziehende Mutter vor, die von ihrem fernsehsüchtigen Mann geschieden ist. Sie hat ihn zuletzt vor die Wahl gestellt: „Ich und die Kinder oder das Fernsehgerät!" Der Mann entschied sich für den Fernseher, und die Mutter meint am Ende der Textpassage: „Die letzten drei Monate waren die schönsten in meinem Leben." Ob sich diese Bemerkung nur auf das Leben ohne Fernsehen oder auch auf jenes ohne ihren

Mann bezieht, ist nicht eindeutig (S. 48). Damit wird an dieser Stelle angetönt, dass Scheidung auch eine Befreiung für die Beteiligten sein kann. Sie wird nicht ausschliesslich mit Problemen assoziiert. Auch in einer andern Kleinfamilie steht nicht alles zum Besten (S. 14). Die Mutter trägt die Suppe auf, während der Vater nörgelt, flucht, droht, befiehlt und Frau und Kinder herumkommandiert. Die Mutter wehrt sich, ist aber nicht so aggressiv wie ihr Mann. Die Zahl seiner Voten ist fast doppelt so hoch. Auch die Kinder widersprechen dem Vater heftig.

Auffallend ist, dass die Tochter im Gegensatz zum Sohn den Befehlen des Vaters, wenn auch mürrisch, Folge leistet. Auf diese geschlechtsspezifischen Unterschiede wird im Kommentar nicht verwiesen, obwohl das Ziel der Übung nicht nur Nachdenken über den Tonfall eines Gesprächs, sondern auch über das Rollenverhalten in der Familie sein soll. Als möglicher Konfliktstoff in der Familie wird erwähnt, dass die Hausarbeit zu wenig geschätzt werde (Kommentar, S. 28).

Diese beiden letzten Beispiele bieten Ansätze, das traditionelle Familienmodell zu hinterfragen. Das Buch ist aber insgesamt weit davon entfernt, die heute existierende Vielfalt von Familienformen und unterschiedlichen Arbeitsteilungen zwischen Frauen und Männern abzubilden.

Wertvolle Freundschaften

Freundschaften werden in dem Schulbuch immer wieder erwähnt. Explizit ist fünfmal von Mädchenfreundschaften und dreimal von Knabenfreundschaften die Rede. Erwähnt wird auch eine Frauenfreundschaft. Ein – allerdings kritisch zu beurteilender – Zeitungstext handelt von einem Mann, der nur knapp dem Tod entronnen ist. Sein Freund steht ihm in dieser schweren Zeit bei, besucht ihn täglich im Spital und macht ihm Mut. Nur dank seiner

Hilfe bringt der Schwerverletzte den Willen zum Weiterleben auf (S. 115).
Mit Ausnahme einer Freundschaft zwischen drei Jungen sind alle genannten Beziehungen Zweierkonstellationen. Die Tätigkeiten, in denen Freundinnen und Freunde miteinander dargestellt werden, sind vielfältig und abwechslungsreich oder widersprechen sogar geschlechtertypischen Zuschreibungen. Das Buch entwirft positive Bilder von Freundschaften, in denen eigenständige Mädchen und Jungen, Frauen und Männer miteinander handeln und einander unterstützen.

Die multikulturelle Schule: Nicht in Sicht

Bei der Analyse wurde nicht systematisch ausgezählt, wie viele eingewanderte fremdsprachige Jugendliche vorkommen und wie andere Länder und Kulturen dargestellt sind. Dies war nicht das Ziel der Untersuchung. Dass eine multikulturelle Perspektive in diesem sonst so aktuellen Lehrmittel fehlt, ist jedoch schon auf den ersten Blick ersichtlich.
So kommen im Schulbuch kaum fremdsprachige Namen vor, auf keinem Bild ist ein Kind zu sehen, das vom Aussehen oder von den Kleidern her aus einer eingewanderten Familie stammen könnte. Einzig ein Comic könnte allenfalls so gedeutet werden (S. 13). Dass beim Thema *Sprache im Wandel* nicht auf aktuelle Mehrsprachigkeit verwiesen wird, wurde bereits erwähnt.
Bei einigen Sprachübungen sind problematische Äusserungen über Ausländer hineingerutscht. So redet ein Rumäne den ganzen Tag „wirres, unverständliches Zeug" (S. 160). Ein Italiener und ein Amerikaner sind Gefängnisinsassen und ein Raubüberfall findet in Bastia (Korsika) statt. Ihnen steht als positive Figur ein hübscher italienischer Junge auf einem Campingplatz gegenüber. Einzelne literarische Texte stammen zudem von Autorinnen und Autoren

ausserhalb des deutschen Sprachraums. Zu erwähnen wäre etwa ein Ausschnitt aus *Eine Hand voller Sterne* des in Deutschland lebenden Syrers Rafik Schami (S. 136).

In einigen literarischen Texten werden Vorurteile gegenüber Fremden oder deren Schwierigkeiten angesprochen, so in zwei Gedichten (S. 66) und einer Satire von Ephraim Kishon. Eine kurze Geschichte handelt von einem türkischen Mädchen, dessen Familie „hatte in der Türkei Probleme und kam deshalb in die Schweiz". Das Mädchen hat nun Angst „einfach vor allem" und wird denn prompt in der Schule auch ausgegrenzt: „Sie haben etwas gegen Türken und gegen mein Kopftuch. Warum sind sie alle so, wir sind doch auch Menschen wie sie!" (S. 96)

Die letzte Geschichte ist nicht unproblematisch, weil sie das Klischee des Kopftuches kolportiert, dieses mit Unterdrückung verbindet und so letztlich das Vorurteil von den hilflosen türkischen Frauen zementiert. Es ist unbestritten wichtig, auf vorkommende Diskriminierungen und Schwierigkeiten von Minderheiten in einer multikulturellen Gesellschaft hinzuweisen. Aber auch für diese Jugendlichen gilt es, eine Vielfalt von Lebensmöglichkeiten darzustellen. Neben negativen Erfahrungen und Problemen sind auch kreative Lösungswege von Mädchen und Jungen aufzuzeigen, die sich in zwei verschiedenen kulturellen Welten zurechtfinden. Dabei ist unbedingt nach Geschlechtern zu differenzieren. Solche Figuren können den eingewanderten Jugendlichen für ihre eigene Zukunft Mut machen und Beispiele von erfolgreichen Vereinbarkeitsleistungen vermitteln. Solche Vorbilder finden die Jugendlichen in diesem Sprachbuch nicht.

Umsetzungsideen für den Unterricht

Von Werbung und Kartenspielen

Das Lehrmittel regt an mehreren Stellen zum Nachdenken über geschlechtsspezifische Rollenzuweisungen an. Einige dieser Ansätze sollen hier weitergeführt werden.

Die Analyse und die Gestaltung von Werbung und Medien sind ein dankbares Thema, um in die Diskussion über Männlichkeits- und Weiblichkeitszuschreibungen und Normen einzusteigen. Dazu gibt es auch schon eine Menge von Unterrichtsvorschlägen. Auch im *Schweizer Sprachbuch sieben/acht* findet sich Material, das sich für geschlechtsspezifische Fragestellungen ausbauen lässt.

Beim Kapitel Werbung sind die Untersuchungsergebnisse einer Klasse zu Zigarettenwerbungen angeführt: Danach konnte rund die Hälfte der Inserate in die Kategorie „schöne Frauen oder erfolgreiche Männer" eingeteilt werden (S. 81). Der Kommentarband liefert viele Ideen zur Unterrichtsgestaltung. Ein Hinweis darauf, wie man die dargestellten Frauen- und Männerbilder in der Werbung kritisch hinterfragen oder damit kreativ arbeiten könnte, fehlt aber (S. 95 f.).

Werbung ist allerdings nicht immer plakativ und leicht zu interpretieren. Geschlechtsspezifische Klischees werden gezielt gebrochen eingesetzt. Spannend für eine Analyse sind Bilder, die gerade nicht auf den ersten Blick zuzuordnen sind. Eine solche Werbung findet sich auf Seite 81. Im Vordergrund ist eine Frau in dicker Lederjacke erkennbar, sie sitzt in einem Motorboot, aufgrund der Perspektive klein hinter ihr ein Mann auf Wasserskiern. Auf den ersten Blick wirkt sie dominant, sie hat ein Seil in der Hand, als würde der Wasserskifahrer von ihr abhängen. Nicht zufällig wird im Kommentar für Lehrkräfte als mögliche Beschreibung vorgeschlagen: „Der Mann ist gezwungen, der Frau in der heissen Jacke nachzufahren" (Kommentar S. 96). Wird hier also ein ungewöhnliches Bild eines Mannes und einer Frau entworfen, das Frauen einen Führungsanspruch zugesteht? Der Originalslogan zum Bild lautet: „Heisse Ledermode für coole Gefühle". Interessant ist die Frage, wie und wem die Adjektive aus dem Wortspiel zuzuordnen sind. Bezieht sich *cool* auf das Gefühl zwischen den beiden Personen, auf die gemeinsame Fahrt, vor allem auf den Wasserskifahrer oder vor allem auf die Frau? Und was ist alles *heiss*? Zur mitschwingenden Erotik passen z.B. die langen blonden Haare der Frau. Auf den zweiten Blick erweist sich diese Werbung als vielschichtig. Gespielt wird hier nicht nur mit Wörtern und

Assoziationen zu Tradition, Luxus und Qualität, wie im Kommentar vermerkt, sondern ebenso mit Männer- und Frauenbildern. Schülerinnen und Schüler können diese Vielschichtigkeit selber erkennen. Am Anfang beschreiben sie spontan die beiden Personen z.B. punkto Selbstständigkeit usw. Anschliessend versuchen sie z.B. zu zweit alles, was sie auf dem Bild sehen und was mitschwingt, den Gegensatzpaaren *cool* und *heiss* zuzuordnen. In der Auswertung können dann die teilweise widersprüchlichen Zuschreibungen diskutiert und kann das Spiel mit den Bildern herausgearbeitet werden.

Meinungsspiel

Im Kommentar für Lehrkräfte findet sich ein Meinungsspiel zu Vorurteilen gegenüber Frau und Mann (Kommentar, S. 205). Auf Karten sind Aussagen über Frauen oder Mädchen bzw. Männer oder Jungen geschrieben. In geschlechtergetrennten Gruppen von 8 –10 Jugendlichen sollen die Karten diskutiert und soll eine gemeinsame These am Schluss an die Wandzeitung geheftet werden. Nach einer Stunde sollen die Resultate ausgetauscht und diskutiert werden. Ziel der Diskussion ist, geschlechtsspezifische Vorstellungen und Vorurteile herauszuarbeiten. Diese Spielanlage überzeugt methodisch und ist ohne Zweifel bewusstseinsfördernd. Problematisch dagegen sind die ausgewählten Sätze. Acht von zehn enthalten nämlich diskriminierende Aussagen über Frauen und Mädchen, zum Beispiel:

> „Eine Frau als Chefin kann ich mir nicht vorstellen."
>
> „Wozu sollen Mädchen einen Beruf erlernen? Sie heiraten ja doch!"
>
> „Mädchen verstehen nichts von Technik." usw.

Nur gerade zwei Sätze beziehen sich auf Männer. Der eine davon lautet: „Weil die Männer die Familie ernähren, ist es gerecht, dass sie auch mehr verdienen." Jungen werden in keinem einzigen Satz mit negativen Vorurteilen ihnen gegenüber konfrontiert.

Diese Verteilung der Sätze bringt Mädchen in eine Verteidigungsposition. Sie müssen argumentieren, warum der Satz nicht stimmt, während die Jungen sich zufrieden zurücklehnen können. Genau: „Frauen verstehen nichts von Technik..." Dabei werden zwar vor allem die Mädchen sprachlich geschult und gefördert, aber sie geraten in eine für sie unangenehme Situation gegenüber den Jungen ihrer Klasse. Solche Übungen – in bester Absicht zur Stärkung der Mädchen ausgewählt – können dazu führen, dass Mädchen geschlechterbewusste Fragen im Unterricht ablehnen. Jungen

dürften zudem für das Spiel gar nicht so einfach zu motivieren sein, weil die Karten sie kaum betreffen.
Die Übung ist also unbedingt ausgewogen zu gestalten, das heisst mit einer ausgewogenen Mischung von negativen und positiven Aussagen über Jungen und Mädchen, über stereotype und geschlechtsuntypische Rollenbilder. Dabei ist es sinnvoll, gerade neue Forderungen von Frauen aufzunehmen, mit denen sich Jungen von heute auseinander setzen müssen. Beispiele solcher Sätze wären:

> „Männer verfügen über weniger soziale Kompetenzen als Frauen."
> „Ich werde nie einen Mann heiraten, der nicht die Hälfte der Hausarbeit und der Kindererziehung übernimmt."
> „Männer sollen höhere Steuern bezahlen als Frauen, weil viele von ihnen gewalttätig sind und dem Staat daher Kosten verursachen."
> „Ein richtiger Mann soll cool sein. Sensibilität ist Frauensache."
> „Jungen verstehen nichts von Fremsprachen." usw.

Erst wenn gleichermassen positive Aussagen und negative Vorurteile gegenüber Mädchen und Jungen vorliegen, können beide Geschlechter zu einer interessanten Auseinandersetzung motiviert werden. Jungen wird bei solchen Beispielen klar, dass Rollenzuschreibungen auch sie einengen resp. dass die alten privilegierten Positionen längst nicht mehr akzeptiert werden. Jetzt kann die Diskussion losgehen!

Sprachfindig

Übungen und Spiele zum Sprachunterricht auf der Oberstufe

In Ergänzung zum Kapitel *Frau und Mann in der Sprache* des *Schweizer Sprachbuchs sieben/acht* sei hier auf weitere Ideen verwiesen. Jugendliche haben oft Schwierigkeiten und Widerstände, wenn es darum geht, die einseitig männliche Prägung der Sprache im generischen Maskulinum zu erkennen. Mit einer geschlechtergerechten Sprache wird für viele Gewohntes in Frage gestellt, das Thema ist manchmal schon im Elternhaus diskutiert worden und mit den bekannten Argumenten, wie z.B. weibliche Endungen seien zu kompliziert, abgetan worden. Es empfiehlt sich, nur wenig prinzipielle Überlegungen zu vermitteln und vielmehr mit konkreten Übungen und Spielen zu arbeiten. Viele Redewendungen eignen sich für die Schärfung des Blicks für sprachliche Ungereimtheiten. Hier ein Beispiel:

> Wie lautet die geschlechtergerechte Formulierung von *der Mann auf der Strasse*?
> Kann ich sagen *die Frau auf der Strasse?* Kann ich sagen *der Mann und die Frau auf der Strasse* oder schwingt da noch anderes mit – was? Warum?
> Wie wäre es mit *die Leute auf der Strasse*?

Solche Übungen müssen nicht unbedingt als *Frau und Mann in der Sprache* deklariert werden, sondern fliessen im Rahmen anderer Themen selbstverständlich ein. An ihnen kann, wie das Beispiel zu dieser Redewendung zeigt, mit Kreativität das Sprachbewusstsein geschult werden. Solche Spiele machen zudem auch vielen Jugendlichen Spass.

Ein einfacher methodischer Kniff ist die Auslassung oder Umkehrung, was Irritation auslöst. Dazu hier ein kleines Beispiel zum Konjunktiv: Ausgangspunkt ist ein Gedicht von Jürgen Henningsen. Es wird – ohne Angabe des Verfassers – an die Tafel geschrieben.

Bedingungsformen

Ich sage
Ich würde sagen
Ich hätte gesagt
Aber...

Der Schluss bleibt offen, die Jugendlichen können selber den letzten Vers dichten. Es kommen Vorschläge wie: „Aber ...ich habe Angst, ...ich traue mich nicht, ...ich bin feige" usw. Die Lehrkraft fügt die Originalzeile – in der Umkehrung – an:

Aber man hat Mann und Kinder

Die Lösung wird diskutiert, vermutlich reagieren einige Schülerinnen und Schüler irritiert. Sie erkennen, dass der Zusammenhang *man* und *Mann* seltsam klingt, daraus kann die Diskussion entstehen, warum das so ist und ob der Satz:

Aber man hat Frau und Kinder (Originaltext)

auch seltsam klingen würde und warum allenfalls weniger. Falls den Jugendlichen nichts auffällt, kann die Frage weiterhelfen, ob wohl eine Frau oder ein Mann das Gedicht verfasst hat. Anschliessend wird weiter über den Konjunktiv und die Interpretation des Gedichtes gesprochen.

Mit solchen und ähnlichen Beispielen merken die Schülerinnen und Schüler selber, dass „man" oder die männliche Form eben nicht neutral sind – und dass es nicht spitzfindig ist, sich darüber Gedanken zu machen. Das genannte Beispiel ist schon recht anspruchsvoll. Das Prinzip lässt sich aber auch bei einfacheren Sätzen anwenden, z.B. mit einem Vergleich zu einem Bild: Passt zum Bild einer Tänzerin der Untertitel „Ein Tänzer beim Training"? Und wie ist es umgekehrt? Wo stört es, wo nicht – empfinden es alle gleich? Wie steht es mit der Logik?

Für Sprachübungen gibt es viele Möglichkeiten. Zu empfehlen sind:

- Lückentexte, in denen die männliche oder weibliche Form eingesetzt werden muss und die als Ausgangspunkt für die Diskussion von Rollenzuschreibungen dienen.
- Die Suche nach geschlechtergerechten Formulierungen für männlich geprägte Ausdrücke, z.B. anhand von Karten mit möglichen Lösungen auf der Rückseite.
- Die Umschreibung von Redewendungen und die Suche nach originellen Lösungen. „Selbst ist die Frau!"
- Die genaue Analyse von Zeitungsberichten und anderen Texten, um herauszufinden, ob über Frauen und Männer geschrieben wurde. (Oft sind die Texte verwirrend und unlogisch – einige Sätze gelten für Männer und Frauen, andere nicht. In vielen Texten wird nicht klar, ob Frauen überhaupt vorkommen.)
- Die bewusste und spielerische Herstellung von logischen Brüchen und die Konstruktion verwirrender Sätze wie z.B.:

  Jeder Mensch denkt zwischendurch gerne an die Zukunft, nicht nur, wenn er schwanger ist.

  Einer hat seinen Lippenstift vergessen.

  Die Menstruation empfindet jeder etwas anders usw.

Bei diesen Übungen wird auch für die Jugendlichen deutlich, dass Sprache und Gesellschaft zusammenhängen. Zentral ist bei der Bearbeitung, dass Sprache als veränderbares System betrachtet, unterschiedliches Bewusstsein der Schülerinnen und Schüler akzeptiert und das Thema auch humorvoll behandelt wird. Es ist für Schülerinnen und Schüler häufig befreiend, wenn sie merken, dass Sprache nicht überall aus strengen Regeln besteht, sondern auch Spielraum zur formalen Gestaltung zulässt.

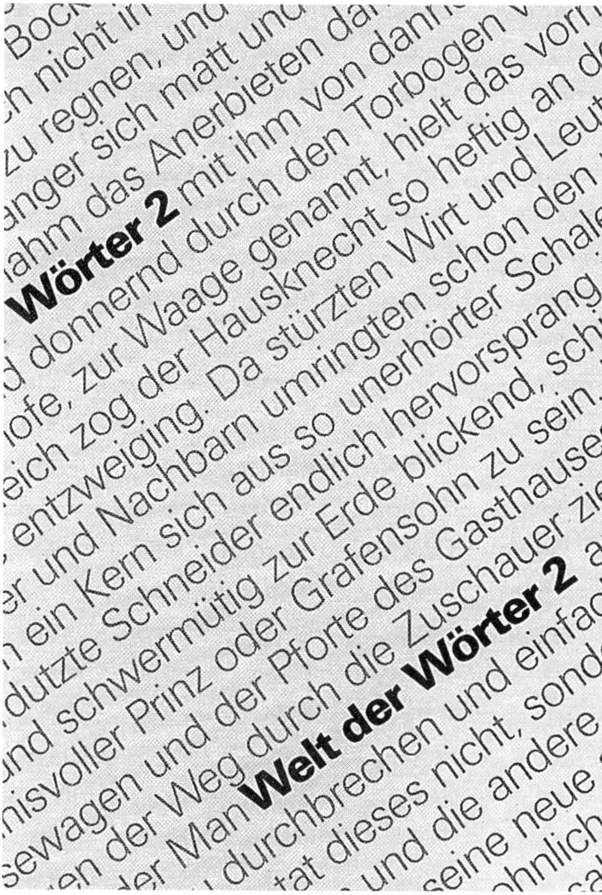

Autoren	Walter Flückiger, Max Huwyler
Beratende Kommission	Fred Hagger, Hanspeter Eckhardt, Hanspeter Gerber, Walter Lüthi, Walter Meier, Ruedi Z'graggen
Wissenschaftlicher Fachberater	Horst Sitta
Kunsthistorische Beratung	Margrit Vasella, Hans Ruedi Weber
Grafische Konzeption und Gestaltung	Hubert Hasler
Zeichnungen	Christian Wesp
Verlag	Lehrmittelverlag des Kantons Zürich
Ausgabe 1997	(Erscheinungsjahr 1984)

Das Wichtigste auf einen Blick

Das Lehrmittel erfüllt die Standards zur Gleichstellung in keiner Weise. Weibliche Personen sind nicht nur zahlenmässig untervertreten, sondern werden oftmals nur am Rande erwähnt oder als lächerliche Figuren dargestellt. Die Texte sind fast ausnahmslos von Männern verfasst, auch die literarischen. Die (Haupt-)Rollen sind grösstenteils von männlichen Personen besetzt, für Mädchen bieten sich ungleich weniger und nur vereinzelt positive Vorbilder an. Die Verbreitung gängiger Klischees und stereotyper Rollenzuweisungen ist in diesem Lehrmittel die Norm – in Text und Bild. Die Berufswelt ist von Männern dominiert und besetzt. Die Hausarbeit wird von Frauen geleistet. Entsprechend einseitig sind auch die Mutter- und Vaterbilder. Es kommen fast ausschliesslich Kleinfamilien mit dem Vater als Ernährer vor. Ausländische Kinder oder Familien sind quasi inexistent. Fremde werden mit Exotik oder Problemen in Verbindung gebracht. Zwar wird mehrmals punktuell das Lernziel formuliert, dass Schülerinnen und Schüler Klischees hinterfragen sollen. Aber diese wenigen Passagen wirken von den übrigen Texten abgesetzt. Denn die Autoren stellen hier in Frage, was sie sonst laufend konstruieren und zementieren: geschlechtsspezifische Stereotype. Jungen erhalten zwar positivere Vorbilder als Mädchen, aber auch diese bewegen sich im Rahmen gängiger Männlichkeitsvorstellungen. Insofern gilt für beide Geschlechter, dass das Lehrmittel weder eine breite Palette von Handlungsspielräumen und Eigenschaften für Jugendliche noch anregende unkonventionelle Bilder von Erwachsenen zu vermitteln vermag.
Die dargestellte Welt entsprach schon bei Erscheinen des Buches 1984 nicht der Realität. Heute ist das Buch in mehrerer Hinsicht veraltet, es hinkt hinter den gesellschaftlichen Entwicklungen der

letzten 25 Jahre hinterher. *Welt der Wörter 2* erfüllt die Anforderungen an ein modernes Lehrmittel im Hinblick auf Gleichstellung und multikulturelle Gesellschaft nicht.

Ausgezählt

Schon ein Blick auf die Zahlen macht deutlich, dass *Welt der Wörter 2* die Standards zur Gleichstellung nicht erreicht. Jungen und Männer dominieren in Text und Bild zu zwei Dritteln bis drei Vierteln. Das Lehrmittel enthält vor allem Texte und Bilder von Männern und ist fast ausschliesslich von Männern verfasst worden.

Wer war an der Produktion beteiligt?

(siehe Impressum)	Frauen	Männer
Autoren	–	2
Beratende Kommission	–	6
Wissenschaftliche Fachberatung	–	1
Kunsthistorische Beratung	1	1
Grafische Konzeption und Gestaltung	–	2
Zeichnungen	–	1
Total	**1**	**13**

Wie viele Werke von Frauen und Männern kommen vor?

(Quellenangaben aus dem Lehrmittel)	Frauen	Männer
Bilder (Gemälde, Skulpturen, Illustrationen, Fotos)	**1**	**41**
Texte	**21**	**83**

Die 21 von Frauen verfassten Texte teilen sich folgendermassen auf: vier Kurzaussagen von Schülerinnen, drei Kurzzitate, acht Problembriefe von Mädchen an eine Zeitschrift, eine klein gedruckte Weisheit, ein Bewerbungsschreiben einer Schülerin, in dem die Fehler zu verbessern sind, sowie eine Postkarte, die eine Frau ihren

Verwandten aus dem Urlaub schreibt. Der Grossteil der 83 Beiträge von Männern stammt von Schriftstellern. Dazu kommen ein Geschäftsbrief sowie das Protokoll einer Sitzung, an der ausschliesslich Männer teilgenommen haben.

Wer kommt wie oft auf den Bildern vor?

	Mädchen/Frauen	Jungen/Männer
Kinder	25	40
Erwachsene	45	140
Insgesamt	**70 (28%)**	**180 (72%)**

Auf 68 Bildern sind Menschen abgebildet. Auf 61 davon (90%) sind männliche Personen zu sehen, aber nur gut auf der Hälfte (55%) sind auch Frauen oder Mädchen abgebildet. Bei den Bildern, auf denen ausschliesslich ein Geschlecht vertreten ist, ist der Unterschied noch markanter: Über viermal mehr Jungen und Männer (44%) als Mädchen und Frauen (10%) sind alleine auf Bildern dargestellt.

Wer kommt wie oft in den Texten vor?

	Mädchen/Frauen	Jungen/Männer
Kinder	22	33
Erwachsene	50	177
Total	**72 (25,5%)**	**210 (74,5%)**
Personen in Übungssätzen	**72 (31%)**	**162 (69%)**

Zur Sprache

Grundsätzlich wird das generische Maskulinum, also die männliche Sprachform für beide Geschlechter verwendet. Frauen sind damit sprachlich kaum sichtbar. Im ganzen Lehrmittel lassen sich lediglich vier Vollformen finden.

Sprachfindig: Wo ist die Frau versteckt?

An einer Stelle im Lehrmittel kommen Paarformen vor. Es werden jene Personen vorgestellt, die an einem Verhör beteiligt sind: „Kommissar/-in, Assistent/-in, Verhörte/-r".

Warum hier die weibliche Form aufgeführt wird, ist nicht ganz einsichtig. Denn im anschliessend wiedergegebenen Verhör fragen der Kommissar und der Assistent, Antwort gibt der Verhörte. Die Frauen sind plötzlich wieder verschwunden. Doch halt, das stimmt nicht ganz – die aufmerksame Leserin wird doch noch eine Geschlechtsgenossin finden. Was ist wohl ihre Rolle im Kriminalstück? Lesen Sie selber nach (S. 166).

Lösung: Sie ist das Mordopfer. Der Assistent fragt nämlich den Verhörten: „Wann haben Sie sie umgebracht?"

Männer im Zentrum, Frauen am Rand

Frauen sind auf den Bildern nicht nur zahlenmässig untervertreten, sondern haben meist auch nur Nebenrollen inne. Sie werden selten als Agierende dargestellt. Sie schauen beispielsweise begeistert einem Motorradfahrer nach. Bei einem Rockkonzert halten sich die jungen Frauen mehrheitlich in den hinteren Rängen auf, während alle Musiker sowie die tanzenden Fans direkt vor der Bühne männlich sind (S. 32).

Auch das Thema Sport wird im Bild von Männern dominiert. Die Eiskunstläuferin Denise Biellmann und Prinzessin Diana im Skiurlaub sind die einzigen weiblichen Personen, die Sport treiben. Ihnen stehen Fussballer, Velorennfahrer, Bergsteiger, der Ski fahrende Prinz Charles und in den Texten eine ganze Reihe weiterer Sportler gegenüber. Auch Musik scheint gemäss diesem Lehrmittel eine Männerdomäne zu sein. Es gibt Musiker, Flötenspieler, tanzende Fans, Instrumentenbauer und eine junge Frau, die singt (S. 163).

Männer sind aktiv, bei selbstständigen Tätigkeiten abgebildet: musizierend, lesend – speziell Zeitung lesend –, in Vereinen tätig, kunstinteressiert, im Auto oder auf dem Motorrad usw. Die wenigen Bilder von eigenständigen Frauen sind rasch aufgezählt. Es handelt sich um eine junge Frau in der Lehre, eine Radio-TV-Elektrikerin, eine Berufsberaterin, eine behinderte Schriftstellerin und die Clownin Gardi Hutter. Das einzige Foto einer Politikerin zeigt (die in ihrem politischen Amt gescheiterte) Ex-Bundesrätin Kopp. Allerdings ist das Bild weder mit ihrem Namen noch dem Hinweis auf ihren Beruf und ihre Position versehen (S. 30). Dem Fotomodell Twiggy ist dagegen eine ganze Seite mit zwei grossen Fotos gewidmet (S.139).

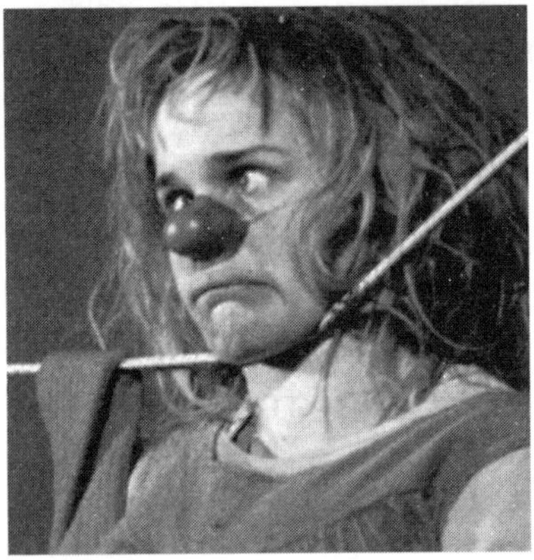

Frauen als Nebenfiguren übernehmen fast ausschliesslich traditionelle Rollen: Sie betreuen Kinder oder trösten ihre Männer. Frauen lächeln auf den Bildern sehr viel häufiger als Männer. Mit von der Partie ist auch ein Burgfräulein, das auf den rettenden Prinzen wartet.
Prinzipiell stereotyp sind zudem die Zeichnungen. Auf alle Männer trifft mindestens eine der folgenden Aussagen zu: Sie tragen einen Hut, sie rauchen, sind in Anzug oder mit Krawatte zu sehen, sie tragen eine Brille und sie haben einen Schnurrbart, einen Bart oder eine Glatze. Jungen sind an den kurzen Haaren zu erkennen. Auf alle Frauen und Mädchen trifft mindestens eine der folgenden Beschreibungen zu: Sie haben lange Haare, manchmal mit Bändern und Maschen zusammengebunden oder aufgesteckt, sie haben lange Wimpern, tragen einen Rock oder ein Kleid mit tiefem Ausschnitt.

Mädchen und junge Frauen finden auf den Bildern dieses Lehrmittels nur wenige attraktive Identifikationsfiguren. Sie lernen vielmehr, dass Frauen Nebenfiguren sind. Jungen dagegen wird eine Palette von positiven und aktiven, wenn auch gängigen, traditionellen Vorbildern geboten. Die Ungleichheit zwischen den Geschlechtern ist schon beim Durchblättern augenfällig.

Stereotype Verhaltensweisen in den Texten

Die Tätigkeiten, Rollen und Handlungen der Personen entsprechen grundsätzlich geschlechtsspezifischen Stereotypen. Genannt seien die folgenden Eigenschaften und Handlungen, die Frauen und Männern zugewiesen werden:
Mädchen und Frauen...
...können sich nicht durchsetzen, sind ängstlich, hübsch, fleissig, passiv, bildschön, sie helfen, trösten, kochen, bewundern, tendieren zu Depressionen, fühlen sich ungerecht behandelt, weinen beim Anblick alter Filme und beschäftigen sich mit Handarbeiten.
Jungen und Männer...
...sind mutig, schlagfertig, selbstbewusst, beharrlich, frech, besserwisserisch, diskussionsfreudig, tun gefährliche und abenteuerliche Dinge, sie drohen, wehren und beschweren sich, müssen knifflige Rätsel lösen, sie reissen zuhause aus, erfinden, warnen, behaupten, basteln und tun das, wozu sie Lust haben.
Viele weibliche Personen in den Texten haben im Vergleich zu den männlichen untergeordnete, passive und weniger selbstbestimmte Rollen inne. Wo Macht und Hierarchie angesprochen werden, sind alle Figuren männlich. Zwei *Jungen* liefern sich einen verbalen Machtkampf, ein *Polizeikommissar* verweist seinen *Assistenten* ausdrücklich auf dessen untergeordnete Position usw. Frauen und Mädchen dagegen vermitteln eher in Konflikten, schwächen Auseinandersetzungen ab. Exemplarisch seien die folgenden beiden Szenen genannt:

- Vier Jungen werden verdächtigt, eine Scheibe eingeschlagen zu haben, aber keiner will es gewesen sein. Ein Junge sagt, der Schuldige könne nur Fritz sein. Ein Mädchen vermutet, *alle* seien wahrscheinlich schuld und ein zweites Mädchen findet, es sei vielleicht ein Missgeschick gewesen. Beide Aussagen der Mädchen verweisen darauf, dass es noch mehr Möglichkeiten gibt, als dass einer allein als Verantwortlicher in Frage kommt (S. 142).
- Ein Bier trinkender Mann rüttelt am Tisch und verschüttet den Tee einer Frau. Diese entschuldigt ihr Gegenüber sogleich: „Macht nichts, die Tische sind auch gar wackelig."

Neben solchen Bildern, die gängige Rollenzuweisungen zementieren, finden sich im Lehrmittel auch ausdrücklich frauendiskriminierende Stellen. Allein in zehn Texten werden Frauen als dümmlich dargestellt oder lächerlich gemacht. Frauen finden sich öfters in undankbaren Situationen: Sie lassen sich ins Bockshorn jagen, werden ignoriert oder sind krank, um nur einige Beispiele zu nennen. Interessant ist die letzte Nennung – im Vergleich zum männlichen Pendant: Der einzige Mann, der krank scheint, hat am Abend zuvor zu viel Alkohol getrunken...

Über die Vielfalt moderner Familien- und Lebensformen ist in diesem Lehrmittel nichts zu erfahren.Von 15 Familien bestehen 13 aus Mutter, Vater und mindestens einem Kind. Eine Mutter ist Witwe, ein Waisenkind lebt mit der Grossmutter zusammen. Andere Modelle kommen nicht vor.

Die heimliche Botschaft für Jungen: Wer sich nicht „männlich" verhält, muss die Konsequenzen tragen

Nur in einigen wenigen Texten verhalten sich die Personen nicht nach gängigen, traditionellen Geschlechterrollen. Zu nennen wäre das ausführliche Porträt einer jungen, selbstbewussten und gesellschaftskritischen Frau. Sie wirkt als Vorbild und erweitert das

sonst enge Spektrum (S. 77). Das Gleiche gilt für eine Berufsberaterin und eine Frau in einem traditionellen Männerberuf. An andern Stellen im Lehrmittel werden Handlungsweisen abgewertet, wenn sie eher ungewöhnlich sind. Oma wirkt im Zorn „komisch", die Kunststickerin ist freischaffend, aber „depressiv", und die Wüstendurchquererin ist „abhängig" vom Beduinen, der sie führt.
Auch für Jungen gibt es kaum Identifikationsfiguren, die nicht gängigen Vorstellungen von Männlichkeit entsprechen. Mehr noch, wenn Jungen oder Männer für einmal von der Norm abweichen, handeln sie sich nur negative Folgen ein.

- Der Mann, der sich Sorgen über die blutende Nase eines Fussballspielers macht, muss sich später darüber ärgern, dass er dabei ein Tor verpasst hat.
- Ein geistig behinderter Mann entwendet einen Hamster und pflegt ihn liebevoll im Heim, in dem er wohnt. Als die Putzfrau das Tier eines Tages bemerkt, wird es ihm weggenommen.
- Ein Junge weint, weil ihm eines von zwei Geldstücken gestohlen wurde. Ein fremder Mann fragt ihn, weshalb er weine, und tröstet ihn. Am Schluss nimmt der Mann dem Jungen auch noch das zweite Geldstück ab (S. 119).

Diese letzte Geschichte stammt von Bertolt Brecht. Der Text will bewusst irritieren und hat die klare politische Aussage, dass es notwendig sei, sich gegen Unrecht laut aufzulehnen. Und dennoch: Jungen lernen anhand solcher Texte, dass sich Fürsorglichkeit, Vertrauen und das Zeigen von Schwäche und Trauer nicht auszahlen. Dies fällt umso mehr ins Gewicht, als andere Texte, die Jungen Sensibilität und Angst als positive Kräfte zugestehen würden, in diesem Lehrmittel fehlen. Selbst ist der Mann!
Vor diesem Hintergrund sticht ein Text hervor, in dem ein Vater für die Zukunft seiner Kinder wünscht, dass sie sich geborgen fühlen, dass sie ihr Geld in einem Beruf verdienen, der ihnen zusagt, dass

sie gute Beziehungen zu anderen Menschen haben, zu Menschen, die sie stützen und die von ihnen gestützt werden, dass sie nicht nur egoistisch handeln, sondern fähig sind, für andere Verantwortung zu tragen, und dass sie keine Angst haben müssen. Dieser Vater ist nicht einseitig auf den Beruf fixiert, für ihn sind Gefühle und Beziehungen wichtig (S. 76).

Lernziel: Auseinandersetzung mit Klischees und Vorurteilen

Schülerinnen und Schüler sollen mit diesem Lehrmittel lernen, Klischees und Vorurteile andern Menschen gegenüber zu hinterfragen (vgl. Kommentar für Lehrkräfte, S. 170). Dies hat jedenfalls folgende Übung zum Ziel: Die Jugendlichen sollen sich mit einer Zeichnung zur Physiognomik aus dem 19. Jahrhundert auseinander setzen. Abgebildet sind zehn Personen, denen aufgrund ihres Gesichtsausdrucks und der Gestik Charakterzüge zugeordnet werden. Den beiden Frauen wird Falschheit und Eitelkeit attestiert, den Männern Edelmut, Ehrlichkeit, Eigensinn, Entschlossenheit, Erfindungsgeist und weniger schmeichelhafte Eigenschaften wie Fadheit und Einfalt, ein Mann ist mit dem Gesichtsausdruck des Entsetzens abgebildet (S. 109). Weder im Band für die Schülerinnen und Schüler noch im Kommentar für Lehrkräfte gibt es einen Hinweis auf die geschlechtsspezifisch geprägten Zuweisungen. Ebenso wenig kommt zur Sprache, dass und warum Frauen untervertreten sind und ausschliesslich negativ dargestellt werden. Angesichts der Einseitigkeit des Lehrmittels kann ein Bewusstsein der Lehrenden und Lernenden aber sicher nicht vorausgesetzt werden.

In einer Übung kommen das Rollenverhalten und das Rollenverständnis von Mädchen und Knaben bzw. Frauen und Männern zur Sprache. Die Schülerinnen und Schüler haben die Aufgabe, Kli-

1 Edelmut
2 Ehrlichkeit
3 Eigensinn
4 Einfalt
5 Eitelkeit
6 Entschlossenheit
7 Entsetzen
8 Erfindungsgeist
9 Fadheit
10 Falschheit

Die richtige Antwort

In einer Bar sassen zwei Männer. Fragte der eine den andern: «Magst du die Amerikaner?» Und der andere antwortete nachdrücklich: «Nein.» – «Magst du die Franzosen?», fragte der erste. «Nein», war die ebenso nachdrückliche Antwort. «Die Engländer?» – «Nein!» – «Die Russen?» – «Nein!» – «Die Deutschen?» – «Nein!» Es entstand eine Pause. Dann fragte der Erste, indem er sein Glas ergriff: «Wen magst du denn eigentlich?» – «Meine Freunde», sagte der andere wie selbstverständlich.

Louis Bromfield

schees von angeblich typisch weiblichem bzw. männlichem Verhalten herauszuarbeiten und darauf zu achten, welche Rolle den Mädchen bzw. den Jungen in Zeitungen, Zeitschriften, Büchern, Schulbüchern zugedacht wird (S. 132). In einer weiteren Übung zu diesem Thema wird gefragt, welches Spielzeug, welche Bücher, welche Diskussionsthemen und Berufe Mädchen und Knaben bevorzugen. Dabei soll nachgeprüft werden, ob Aussagen wie „Mädchen spielen mit Puppen, Knaben spielen mit Modelleisenbahnen" Allgemeingültigkeit zukomme, indem die Schülerinnen und Schüler erzählen, wie es bei ihnen war. Allerdings gibt es weder im Schulbuch noch im Kommentar einen Hinweis auf die subtilen Auswirkungen geschlechtsspezifischer Erziehung. Ohne Einbezug dieser Einflüsse dürfte eine solche Besprechung gerade zur Zementierung von Rollennormen beitragen und das Spektrum der Möglichkeiten für Jungen und Mädchen nicht erweitern.
Witzig ist dagegen ein Gedicht von Hans Manz, in welchem eine Tochter vom Vater wissen will, warum Mädchen weniger Freiheiten haben als Jungen. Er kann keine Antwort geben: „Vater hüstelte verlegen, rang nach Atem und blieb stumm" (S. 132).
Die genannten Anregungen aus dem Lehrmittel hinterlassen einen zwiespältigen Eindruck. Die Autoren thematisieren zwar den Wandel der Geschlechterverhältnisse, aber nur punktuell und ohne Bezug zu den übrigen Texten. Diese Übungen stimmen mit dem Gesamtkonzept des Buches nicht überein und wirken aufgesetzt. Die Autoren stellen in diesen wenigen Passagen Rollenzuschreibungen in Frage, konstruieren und zementieren sie aber laufend durch das ganze Buch. Oder pointierter ausgedrückt: Das Lehrmittel eignet sich bestens für die Analyse geschlechtsspezifischer Klischees, wie sie die Autoren vorschlagen.

Die Berufswelt ist vorwiegend männlich

Mädchen und Jungen werden im Lehrmittel völlig unterschiedliche Berufsperspektiven angeboten. Einer Vielfalt von Berufen für Männer steht ein eingeschränktes Feld für Frauen gegenüber. Männer sind in 23 verschiedenen Berufen bei der Arbeit abgebildet, Frauen bei 14 verschiedenen Arbeiten, davon gehören zwei nicht zur Erwerbsarbeit. Im Text ist die Ungleichheit noch krasser:

	Weibliche Bezeichnungen	Männliche Bezeichnungen	Total
Berufe oder berufliche Tätigkeiten in Texten	29 (21%)	107 (79%)	136
Liste der Berufslehren	14 (11%)	114 (89%)	128
Total Berufe und berufliche Tätigkeiten im Buch	**43 (16%)**	**221 (84%)**	**264**

Diese Zahlen sprechen für sich. Zudem wird *keine* Frau in leitender Position oder auch nur höherer Stellung in ihrem Beruf dargestellt. Bei lediglich zwei Berufsbezeichnungen ist ein höherer Schulabschluss bzw. ein Studium notwendig: bei der Ärztin und bei der Lehrerin. Aber: Lehrerinnen kommen im ganzen Lehrmittel in der weiblichen Form nie als Lehrkraft der Oberstufe (also als Lehrkraft der Schülerinnen und Schüler der 8. Klasse, an die sich dieses Schulbuch wendet) vor. Die Ärztin ihrerseits erscheint lediglich im Anhang als Beispiel einer Rechtschreiberegel zur Mehrzahlbildung. Ganz anders bei den männlichen Berufsbezeichnungen: 36 der 107 Berufsbezeichnungen verweisen auf eine höhere Position, was einem Anteil von über 30% entspricht. Bei 15 Berufsbezeichnungen (14%) ist ein Studium erforderlich.

Im Kapitel *Berufe* findet sich die Liste mit Berufen, in denen junge Zürcherinnen und Zürcher im Jahr 1980 eine Lehre begonnen haben (S. 66). Diese Liste ist insofern überholt, als einige dieser Berufe unter der genannten Bezeichnung heute nicht mehr existieren.Von den 128 aufgeführten Berufsbezeichnungen sind nur gerade 11% weiblich. In der Liste ist jedoch vermerkt, wie viele Mädchen (in %) in die jeweiligen Berufe eingestiegen sind. Bei 21 Berufen mit männlicher Berufsbezeichnung wurden über 50% der Lehrstellen durch Mädchen besetzt. In neun Berufen betrug der Anteil der Mädchen über 75% und in zwei Berufen mit männlicher Berufsbezeichnung betrug der Mädchenanteil gar 100% (Biologielaborant und Konfektionsschneider). Umgekehrt ist kein typischer Männerberuf mit der weiblichen Endung versehen.

Von den 43 Bezeichnungen mit weiblicher Endung können mindestens 28 (65%) zu den heute noch typischen Frauenberufen gerechnet werden.* Es sind insbesondere Berufe und berufliche Tätigkeiten im helfenden und pflegenden Bereich, im Büro, im Verkauf und in der Körperpflege (z.B. Kosmetikerin). Vertreten sind zudem (zu)dienende Berufe und berufliche Tätigkeiten wie Dienstbotin, Empfangsdame, Gesellschafterin, Putzfrau usw. Unter den 220 männlichen Berufsbezeichnungen gibt es einige, die typische Frauenberufe sind (Floristin oder Coiffeuse). Über die Hälfte sind aber dem Bereich Handwerk und technische Berufe zuzuordnen, also klassischen Männerdomänen. Weiter sind häufig Medienschaffende und künstlerisch-gestalterische Berufe für Männer erwähnt. Sportler und Politiker erscheinen nur in männlicher Form, eine Eiskunstläuferin bestätigt die Ausnahme der Regel.

Frauen erhalten also nicht allein weniger Angebote als Männer; die geringere Auswahl ist zudem einseitig, weil ausschliesslich traditionell. Damit werden die gängigen diskriminierenden Leistungs-

---

*Kriterium für die Bezeichnung der Berufe als Männer- bzw. Frauenberufe ist die Anzahl der 1997 in Ausbildung stehenden Jugendlichen. Als typische Männerberufe gelten jene, die unter 30% junge Frauen in der Lehre aufweisen, entsprechend gelten Berufe, in denen über 70% der Auszubildenden Frauen sind, als typische Frauenberufe.
Vgl. Bundesamt für Statistik: Statistik der Lehrverträge, Lehrabschlussprüfungen und Berufsmaturitäten 1997, Bern 1998

erwartungen und Zuschreibungen von Fähigkeiten für Jungen und Mädchen zementiert. Das Buch ist weit davon entfernt, junge Frauen (und Männer) zu einer unkonventionellen Berufswahl zu ermutigen – entsprechend ihren Fähigkeiten und Neigungen und im Hinblick auf Gleichstellung.

Herausgepickt

Arbeitsamt oder Standesamt?

Der Hausfrau ist im Lehrmittel eine Seite gewidmet (S. 78). Daraus geht hervor, dass eine Hausfrau eine Allrounderin ist und viel Fachwissen braucht. In einem abgedruckten Stelleninserat wird nämlich eine Fachkraft gesucht, die mit allen für eine Hausfrau notwendigen Fähigkeiten ausgestattet ist. So werden elf männliche Berufsbezeichnungen (z.B. Betriebspsychologe, Ingenieur für Haushaltmaschinen usw.) und fünf weibliche (Kindergärtnerin, Gesellschafterin, Raumpflegerin usw.) aufgeführt. Der Schlusssatz macht jedoch die Wertschätzung gegenüber der Hausfrauenarbeit zunichte; die Antwort des Arbeitsamtes lautet: „Leider vermitteln wir keine Hausfrauen. Dafür ist das Standesamt zuständig." Diese Pointe ist eindeutig diskriminierend. Gelacht wird hier auf Kosten von Hausfrauen. Die Heirat ist entscheidend, nicht die Arbeit. Ob mit diesem Text ein sinnvoller Beitrag zur Auseinandersetzung mit der Arbeitsteilung in der Familie geleistet werden kann – wie im Kommentar für Lehrkräfte vorgesehen (S. 115) –, ist mehr als fraglich. Übrigens: Für Jungen hält der Band in Bezug auf Hausarbeit auch eine Frage bereit. Sie lautet: „Ist ein Hausmann eine vollwertige Hausfrau?" Na – was meinen Sie dazu?

Ungleichheit: Von der Berufswahl bis zur höheren Position

Im Kapitel *Berufslehre oder Mittelschule?* berichten zwei Jugendliche von ihren beruflichen Plänen. Die Unterschiede zwischen der

Schülerin und dem Schüler sind markant: Die Schülerin hat weniger Selbstvertrauen als der Junge und zieht auch eine kürzere Ausbildung in Betracht. Sie erscheint insgesamt weniger entschieden als ihr Kollege (S. 68).

	Schülerin	Schüler
Berufswunsch	Krankenschwester (vorher allenfalls Lehre als Apothekerhelferin)	Mittelschule, später Studium
Motivation	will nicht länger zur Schule	fühlt sich fähig, müsste sich nicht mehr langweilen in den Mathestunden
Fragen	erhofft sich noch mehr Einblick durch Berufsberater	über spätere Studienrichtung noch im Unklaren, ist sich sicher, dass sich seine Interessen noch verändern werden

In einem weiteren Kapitel wird der berufliche Werdegang von zehn ehemaligen Sekundarschülerinnen und -schülern (vier weiblich, sechs männlich) beschrieben (S. 69). Auch hier sind die Unterschiede eklatant. Alle sechs Männer und nur eine der Frauen haben eine höhere berufliche Position erlangt. Selbst der Hochbauzeichner, welcher nach der Krise in der Baubranche arbeitslos wurde und schliesslich als Magaziner wieder eine Stelle fand, ist in der Zwischenzeit via Verkauf und Aussendienst zum Verkaufsleiter und Prokuristen aufgestiegen. Bei drei der vier Frauen ist der Familienzusammenhang erwähnt, bei den Männern fehlen entsprechende Angaben. Bei einer beruflich engagierten, selbstständigen Werklehrerin ist vermerkt, dass sie zwar verheiratet sei, aber keine Kinder habe.

In zwei ganzseitigen Bilderreihen werden zwei Personen in der Berufswelt porträtiert: ein bildnerischer Künstler und Familienvater sowie ein junger Zimmermann (S. 63, S. 70). Es gibt keine entsprechend ausführliche und selbstverständliche Darstellung einer Frau im Berufsleben. Bei einer TV- und Radioelektrikerin ist das Thema gerade ihre besondere Position als Frau in einem Männerberuf (S. 79). Die Thematik *Berufe/Berufswahl* wird bei den Umsetzungsideen für den Unterricht nochmals aufgegriffen.

Mädchen und Jungen werden in diesem Buch nur mit traditionellen Lebensmodellen konfrontiert. Mädchen lernen, dass Frauen weniger entschieden einen Beruf wählen, seltener aufsteigen und sie lernen indirekt auch, dass beruflicher Aufstieg *und* Kinder haben sich für Frauen eher ausschliessen als vereinbaren lassen. Jungen lernen in dieser Hinsicht gar nichts. Sie erhalten attraktive Perspektiven für den Beruf und keine für Familienarbeit. Die Vereinbarkeit von Beruf und Familie ist offenbar für Jungen kein Thema, die Familie läuft nebenher – oder pointierter formuliert: Familie ist Frauensache. Jungen erhalten keine Vorbilder, wie sie später mit einer berufstätigen Partnerin ihr Leben gestalten können.

Zur Diskussion gestellt: Fremde unter uns?

Eingewanderte und fremdsprachige Jugendliche sind in diesem Buch kein Thema. Fremde Länder und Kulturen kommen selten vor, und wenn, dann dominiert das Klischee. Italien etwa erscheint in drei Zeitungsberichten über einen Mafia(?)-Mord in Salerno (S. 19). Afrika ist unter anderem mit einem Zeitungsartikel über den traditionellen Fischfang vertreten. Anhand des Artikels sollen die Passivformen des Verbs geübt werden. Geradezu zynisch mutet die folgende Arbeitsanweisung an: „Vielleicht gibt es diese Art von Fischfang schon in zehn Jahren nicht mehr. Wie müsste man den Text dann formulieren?" (S. 181) Bemerkenswert ist auch die Wortwahl. Die Fischer ziehen mit den vollen Netzen nicht etwa die Frucht ihrer Arbeit ans Land, sondern ihre *Beute* – ein Begriff, der sonst eher im Zusammenhang mit Tieren oder Räubern

verwendet wird (als Verkürzung von *Ausbeute* kann er wohl kaum verstanden werden). Hier enthält der Text auf subtile Weise rassistische Elemente. Ob die Schülerinnen und Schüler das bemerken? Einmal wird anhand eines Romanausschnitts die Thematik von ausländischen Arbeitskräften in der Schweiz angesprochen (S. 127). Es geht um die Schwierigkeiten und die Einsamkeit eines Portugiesen in einem Schweizer Dorf. Es ist sicher zu begrüssen, dass Diskriminierung von eingewanderten Menschen und Probleme eines Lebens in fremder Umgebung angesprochen werden. Aber hier müssten weitere Texte folgen, damit die Situation und Diskussion nur annähernd der Realität entspricht. In heutigen Klassen sind ausländische, fremdsprachige Kinder längst nicht mehr Ausnahmen. Es geht nicht mehr um die Integration einer einzelnen (eventuell stigmatisierten) Person, sondern um eine Auseinandersetzung mit einer Vielfalt von Kulturen.
Die Platzierung des Textes spricht für sich: Anschliessend an den Text über den Arbeiter aus Portugal folgt das Tagebuch einer Behinderten. Und der Titel der Einheit lautet: *Fremde unter uns*. Die Absicht der Autoren, zu einer toleranten Haltung aufzurufen, ist nicht anzuzweifeln. Aber was wird mit dieser Anordnung vermittelt? Fremdsprachige Jugendliche fühlen sich von einem solchen Text unter diesem Titel wohl kaum angesprochen. Die Jugendlichen aus eingewanderten Familien lernen in diesem Kapitel, dass sie nicht im *wir* eingeschlossen sind, sondern als anders und schwierig definiert werden. Das bedeutet auf subtiler Ebene soziale Ausgrenzung. Dieses Kapitel ist umso problematischer, als ausländische Jugendliche (und Erwachsene) im Lehrmittel sonst kaum vorkommen. Von einer Pädagogik der gleichberechtigten Vielfalt ist dieses Sprachbuch weit entfernt.

Umsetzungsideen für den Unterricht

Von geschlechtsspezifischen Berufen und „echten" Problemen

Mit dem Lehrmittel *Welt der Wörter 2* ist es für Lehrkräfte schwierig, Gleichstellung im Unterricht zu praktizieren, da in Text und Bild laufend geschlechtsspezifische Stereotype konstruiert werden. Sogar die Satzbeispiele in den Sprachübungen sind voll davon. Das Buch eignet sich gut als Objekt einer kritischen Analyse unter geschlechtsspezifischem Blick. Im täglichen Unterricht ist es allerdings nur beschränkt einsetzbar. Zumindest erscheint es problematisch, einfach ergänzendes Material anzuschaffen. Weil die Stereotype das ganze Buch durchziehen, würde dies für die einzelne Lehrkraft einen enormen Arbeitsaufwand erfordern. Hier wäre es sinnvoller, ein anderes Grundlagenbuch zu benutzen und allenfalls einige Sequenzen aus *Welt der Wörter 2* aufzunehmen.
Wo das Lehrmittel unumgänglich ist, muss immer wieder auf die überholten Konstruktionen von Weiblichkeit und Männlichkeit und die männlich dominierte Sprache hingewiesen werden – das dürfte die Jugendlichen allerdings mit der Zeit langweilen. Wir skizzieren hier dennoch einige Unterrichtsvorschläge.
Übungen und Spiele zur geschlechtergerechten Sprache sind unter *Sprachfindig* bei den Unterrichtsideen zum *Schweizer Sprachbuch sieben/acht* auf Seite 109 zu finden.

Frauenberufe – Männerberufe

Die Autoren haben sich in *Welt der Wörter 2* an einzelnen Stellen bemüht, geschlechtsspezifische Unterschiede in der Berufswelt anzusprechen und zu hinterfragen. So ist unter dem Titel *Frauenberufe/Männerberufe?* ein Artikel über eine Radio- und TV-Elektrikerin abgedruckt (S. 79). Die junge Frau wird – so der Text – nächstens die Meisterprüfung machen. Der Titel des Artikels bezieht sich auf die Aussage des Lehrmeisters, dass er anfänglich skeptisch bezüglich Frauen in diesem traditionellen Männerberuf gewesen sei, nun aber seine Meinung revidiert habe.

Die junge Frau hat diesen Beruf erlernt, weil ihr Vater ein Radioelektriker und -händler ist und sie schon früh Einblick in diesen Beruf erhielt. Sie kann möglicherweise das Geschäft des Vaters übernehmen. Zur Ausbildung meint sie: „... in der Haushaltungsschule war mir unter lauter Mädchen auch nicht recht wohl. Da wurde nur von den Freunden und der Mode geredet – der Rest der Welt

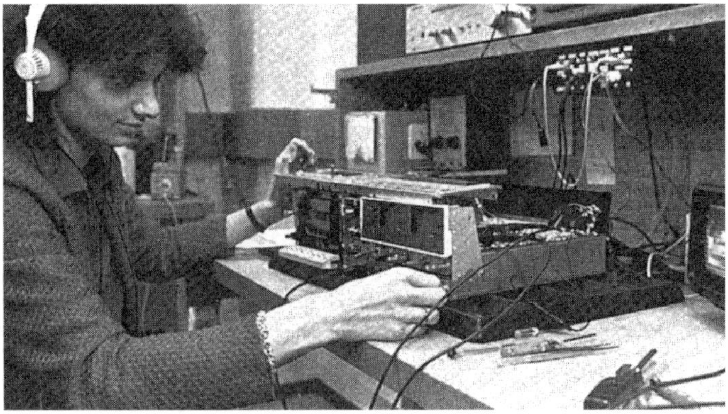

kam da gar nicht vor. Männer haben auch ihre Themen, sie reden von Autos und Töffs. Als Frau bekommt man da zusätzlich Einblick, da ist man dann weniger einseitig." Der Text weist aber auch auf Schwierigkeiten hin: In der Berufsschule seien von 100 Lehrlingen nur zwei Mädchen gewesen. Nach ihren Aussagen wurden sie von den Jungen als vollwertig betrachtet, aber es komme darauf an, wie man sich verhalte: „Wenn man sich als einziges Mädchen in den Mittelpunkt setzen will, gibt es natürlich Probleme."

Wer in einer Männerdomäne akzeptiert sein will, muss sich zurücknehmen – so lautet die implizite Botschaft. Auffallend ist auch, dass die junge Frau die Gespräche ihrer Kolleginnen an der Haushaltungsschule abwertet. Das Interview kann jedenfalls auch so gelesen werden, dass Frauen, die sich gerne als Frauen definieren, nicht unbedingt einen so genannten Männerberuf ergreifen. Diese unterschwelligen Botschaften sind problematisch, sie müssen mit den Jugendlichen besprochen werden.

Als Einstieg in die Thematik *Frauenberufe/Männerberufe?* ist dieser Text nicht sehr geeignet, denn er zeigt bereits Schwierigkeiten auf, die Pionierinnen erwarten. Sinnvoller ist es, zuerst das Spektrum zu öffnen und den Jugendlichen mit positiven unkonventionellen Vorbildern Mut zu einer unkonventionellen Wahl zu machen. Auf jeden Fall ist darauf zu achten, dass auch Jungen über die Erfahrungen eines Mannes in einem so genannten Frauenberuf lesen können.

Hier sind Aufgaben geeignet, die Träume und Wünsche (jenseits allfällig realistischer Zurücknahme) zulassen und fördern. Die Schülerinnen und Schüler werden z.B. aufgefordert, einen Text zu schreiben mit dem Titel „So möchte ich leben, wenn ich 25 Jahre alt bin..." Die Lehrkraft erklärt explizit, dass dabei alles möglich ist und sie sich Beruf, Stellung, Lebensstil usw. wünschen können. Wo geschlechtsspezifische Einschränkungen thematisiert werden sollen, kann der Titel auch lauten „Wenn ich ein Junge bzw. ein Mädchen wäre, könnte ich auch..."

Solche offenen Themenstellungen als Einstieg haben auch den Vorteil, dass Beruf und Berufswahl nicht isoliert betrachtet, sondern in einen Lebenszusammenhang gebracht werden. In der anschliessenden Diskussion und Weiterarbeit können dann spezifische Probleme fokussiert werden. Zum Thema Berufswahl und Rollennormen finden sich viele methodisch ansprechende Anregungen und fundiertes Hintergrundmaterial im Lehrmittel *Zug um Zug. Mädchen und Jungen auf zu einer offenen Berufswahl* (vgl. Bibliografie).

Echte Probleme?

Im Lehrmittel sind in einem Kapitel Problembriefe aus einer Zeitschrift abgedruckt (S. 131). Acht dieser elf Briefe stammen von Mädchen, zwei von Jungen, bei einem bleibt es unklar. In diesen Briefen werden wichtige Themen von Jugendlichen angeschnitten: Essstörungen, Probleme mit Eltern, Lehrpersonen oder anderen Jugendlichen, Unsicherheiten und Komplexe usw. Für die Unterrichtsgestaltung findet sich im Kommentarbuch zu diesen Briefen unter anderem folgende Frage: „Findet ihr heraus, welche der Briefschreiber echte Probleme haben?" Es folgen die Bemerkungen: „Die Auseinandersetzung mit den Problembriefen im Unterricht sollte nicht dazu führen, diese Art von Kommunikation herabzumindern, sondern es geht darum, die Problembriefe kritisch zu lesen und somit z.B. fingierte von echten Problemen zu unterscheiden. Schreibt eigene Problembriefe und hängt sie im Klassenzimmer auf. Geht auf die Probleme anderer ein und steckt eure Antwortbriefe dazu" (Kommentar, S. 197).

Aus pädagogischer Sicht ist es äusserst fragwürdig, Probleme von Jugendlichen als echt oder unecht zu bewerten. Wie soll in der Klasse nachher eine offene Auseinandersetzung mit eigenen Problemen stattfinden? Die Jugendlichen müssen ja damit rechnen, dass ihr Anliegen von den Kolleginnen und Kollegen oder von der Lehrkraft als *unecht* abgetan wird. Und wenn die meisten Briefe von Mädchen stammen, die ja sonst im Buch in der Minderheit sind, wird damit auch eine geschlechtsspezifische Wertung deutlich. Von einer solchen Gestaltung ist unbedingt abzuraten.

Dennoch kann mit diesen Inhalten sinnvoll gearbeitet werden. In gemischten Klassen sind aber unbedingt Briefe von Jungen beizufügen, damit sich diese auch angesprochen fühlen. Dabei können – mit entsprechender Sorgfalt – auch aktuell bestehende Probleme in der Klasse aufgenommen werden. Die Briefe eignen sich auch als Ausgangspunkt für Überlegungen, inwiefern Mädchen und Jungen mit den gleichen oder mit unterschiedlichen Problemen zu kämpfen haben und ob sie mit ihren Gefühlen unterschiedlich umgehen. Bei diesem Ansatz empfiehlt es sich, zeitweise in geschlechtergetrennten Gruppen zu arbeiten.

In der Folge ist ein möglicher Ablauf skizziert: Die Jugendlichen bilden reine Mädchen- und Jungengruppen (3 bis 4 Personen). Alle erhalten zehn Problembriefe zum Lesen, wobei nicht klar ist, welche von Jungen und welche von Mädchen geschrieben sind. Jede Gruppe sortiert in einem ersten Schritt jene Briefe aus, von denen sie findet, sie seien eher typisch für Probleme des anderen Geschlechts. Anschliessend entscheidet sich jede Gruppe für drei Briefe, deren Thematik sie besonders interessiert und über die sie diskutieren will. In einem dritten Schritt formuliert die Gruppe eine Antwort zu einem oder zwei der ausgewählten Briefe z.B. unter dem Titel: „Als Freundin (bzw. Freund) rate ich dir..." Diese Antworten können dann ausgetauscht, verglichen oder von der Lehrkraft (schriftlich) kommentiert werden: War der Rat angepasst? Was war schwierig zu formulieren? usw.

Im Folgenden hängt die Lehrkraft die Briefe, die von den Gruppen vor allem einem Geschlecht zugeordnet wurden, unter den Rubriken *Typische Mädchenprobleme – typische Jungenprobleme* auf. Dabei wäre zu überprüfen, inwiefern hier in der Klasse Einigkeit besteht. Zu beachten ist, dass es um eine *Zuschreibung* zum einen oder anderen Geschlecht geht. Mädchen und Jungen haben jetzt Gelegenheit, zu diesen Annahmen Stellung zu nehmen. Die Diskussion wird sich darum drehen, ob und wie Mädchen und Jungen durch ihre soziale Rolle mit unterschiedlichen Problemen zu kämpfen haben. Wie ergiebig die Auseinandersetzung ist, hängt allerdings davon ab, ob die Briefvorlagen geschlechtsspezifische Probleme (bedingt durch die nach wie vor wirkungsmächtige Ge-

schlechtersozialisation) ansprechen: Essstörungen, Aggression, Gewalt als Opfer *und* Täter usw.
Anschliessend können mögliche Wege zur Konfliktlösung aufgelistet und skizziert werden: „Was tue ich, wenn es mir schlecht geht, wenn ich mit einem Problem nicht weiterkomme?" Die Jugendlichen können ermuntert werden, neue Verhaltensweisen auszuprobieren. Briefe schreiben ist ja nur eine Form des Umgangs mit Problemen. Im Sinne der Sprachschulung kann am Schluss die Aufgabe gestellt werden, selber ein Problem in Briefform aufzuschreiben. Dabei ist es sinnvoll, den Schülerinnen und Schülern erfundene Figuren, die sich in einer schwierigen Situation befinden, vorzugeben. So können sie selber entscheiden, ob sie sich in eine fremde Person versetzen wollen – vielleicht gerade des anderen Geschlechts – oder ob sie von sich selber schreiben möchten.
Auf alle Fälle ist schon bei der Aufgabenstellung festzulegen, wer den Brief zu lesen bekommt (eine einzelne Mitschülerin, ein einzelner Mitschüler, die ganze Klasse, die Lehrperson?). In diesem heiklen Bereich muss sichergestellt werden, dass die Jugendlichen in ihrer Persönlichkeitssphäre nicht verletzt werden.
Wer das Lernziel verfolgen möchte, Problembriefe kritisch zu hinterfragen hinsichtlich ihrer Glaubwürdigkeit (Problembriefe in Zeitschriften legen nahe, dass eine solche Übung durchaus sinnvoll sein kann), kann einzelne Briefe herauspicken und sie von Anfang an als *fingiert* deklarieren. Die Schülerinnen und Schüler haben dann die Aufgabe herauszufinden, woran dies allenfalls zu erkennen ist und welche Absicht die Verantwortlichen der Zeitschrift mit solchen künstlichen Briefen wohl verfolgen. Für eine fundierte Auseinandersetzung müsste aber auf Hintergrundinformationen der Medienkunde zurückgegriffen werden.

Autoren	Walter Eichenberger, Karl Lüthi, Alfred Ringli, Ulrich Stuber
Projektleiter	Walter Eichenberger
Wissenschaftlicher Fachberater	Rudolf J. Ramseyer
Beratende Kommission	Arthur Sturzenegger, Albert Althaus, Andreas Wagner, Otto Brühlmann, Willy Nicca, Ernst Ritzmann, Konrad Schreier, Edi Nobs, Georges Hefti, Manfred Walter
Leitung	Christian Thörig
Grafische Gestaltung	Jakob Sturzenegger
Zeichnungen	Cäcilia Küng
Fotografien	Max Schleiniger
Umschlag	René Groebli
Verlag	Lehrmittelverlag des Kantons Zürich
Ausgabe 1996	(Erscheinungsjahr 1977)

Das Wichtigste auf einen Blick

Das älteste der drei Sprachlehrmittel der Sekundarstufe I, *Deutsch für Dich 2* aus dem Jahr 1977, erfüllt die Standards zur Gleichstellung in keiner Weise. Im untersuchten Textbuch für Schülerinnen und Schüler sind Mädchen und Frauen in Bild und Text deutlich untervertreten. Keiner der im Buch verwendeten Texte ist aufgrund der Quellenangabe eindeutig einer Frau zuzuordnen. Mädchen werden kaum Vorbilder und Identifikationsfiguren angeboten.

Die Helden in Geschichten sind immer männlich, dafür sind die meisten undankbaren Rollen weiblich besetzt. Grundsätzlich sind stereotype Rollenzuweisungen in diesem Lehrmittel die Norm. Anregungen, die traditionellen Rollenvorgaben zu hinterfragen, fehlen ganz. In mehreren Texten werden Frauen dagegen in eindeutig diskriminierender Weise dargestellt und/oder es wird über sie gelacht. Das Lehrmittel muss stellenweise als frauenfeindlich eingestuft werden.

Auch existieren mehrere Textpassagen, die für das Selbstvertrauen – insbesondere der Schülerinnen – alles andere als förderlich sind. Für die Berufswahl, vor der die Schülerinnen und Schüler der 8. Klasse stehen, bietet dieses Lehrmittel nur traditionelle Perspektiven und keine erweiterten Handlungsmöglichkeiten an.

Von der Doppelorientierung der Frauen – oder gar der Männer – an Beruf und Familie ist nicht die Rede. An wenigen Stellen wird – wenigstens bei Jungen – nicht stereotypes Verhalten gezeigt. Bei mehreren Texten wirkt der moralische Zeigefinger aus heutiger Sicht allzu penetrant. Fremde Länder oder Kulturen werden kaum erwähnt. Fremdsprachige und ausländische Jugendliche kommen nicht vor.

Das Lehrmittel ist veraltet.

Ausgezählt

Deutsch für Dich 2 entspricht schon bei der ersten quantitativen Betrachtung nicht den Standards zur Gleichstellung: An der Produktion war nur eine Frau beteiligt. Frauen und Mädchen sind auf den Bildern (39%) und noch krasser in den Texten (30%) untervertreten.

Im ganzen Textbuch ist bei der Quellenangabe kein Frauenname erkennbar. In der Sprache wird fast ausschliesslich die männliche Form verwendet. Alle folgenden Zahlen und Angaben beziehen sich auf das Textbuch für Schülerinnen und Schüler und nicht auf die Arbeits- und Merkblätter.

Wer war an der Produktion beteiligt?

(siehe Impressum)	Frauen	Männer
Autoren	–	4
Projektleitung	–	1
Wissenschaftliche Fachberatung	–	1
Beratende Kommission	–	10
Leitung Beratende Kommission	–	1
Grafische Gestaltung	–	1
Zeichnungen	1	–
Fotografien	–	1
Umschlag	–	1
Total	**1**	**20**

Wie viele Texte von Frauen und Männern kommen vor?

(Quellenangaben aus dem Lehrmittel)	Frauen	Männer
	–	12

14 weitere Texte sind nicht mit dem vollen Namen versehen, sodass das Geschlecht der schreibenden Person nicht ersichtlich ist.

Wer kommt wie oft auf den Bildern vor?

	Mädchen/Frauen	Jungen/Männer
Kinder (Fotos)	18	22
Kinder (Illustrationen)	5	6
Total Kinder	**23**	**28**
Erwachsene (Fotos)	11	23
Erwachsene (Illustrationen)	4	18
Total Erwachsene	**15**	**41***
Insgesamt	38 (36%)	69 (64%)

Auf total 38 Bildern sind Menschen abgebildet. Auf 34 davon (90%) sind männliche Personen zu sehen, aber nur gut auf der Hälfte (55%) sind auch Frauen oder Mädchen abgebildet. Bei den Bildern, auf denen ausschliesslich ein Geschlecht vertreten ist, ist der Unterschied noch markanter: Auf 45% der Bilder sind nur Jungen und Männer dargestellt. Ausschliesslich Mädchen und Frauen sind nur auf 11% der Bilder zu sehen.

Wer kommt wie oft in den Texten vor?

	Mädchen/Frauen	Jungen/Männer
Kinder in Texten	22	43
Erwachsene in Texten	29	94
Total	**51 (27%)**	**137 (73%)**
Übungsbeispiele (ein Satz)		
Kinder	11	27
Erwachsene	34	61
Total	**45 (34%)**	**88 (66%)**
Insgesamt	96 (30%)	225 (70%)

* Um das Zahlenverhältnis nicht zu verfälschen, ist das Foto eines Velorennens mit einem Feld von ca. 50 Fahrern nicht eingerechnet.

Zur Sprache

Im Lehrmittel wird grundsätzlich die männliche Sprachform verwendet. Im ganzen Buch lassen sich lediglich drei Vollformen finden.

Wer liest Zeitung, wer blättert in Modeheften? – Stereotype Zuschreibungen im Bild

Auf den Bildern verhalten sich die Personen entsprechend traditionellen Rollenvorgaben; besonders bei den Freizeitbeschäftigungen. So betreiben z.B. Jungen Judo, fahren Velo, während Mädchen

Pferde striegeln. Das Thema Sport wird völlig von Männern dominiert. Nur gerade bei einer Illustration – zu verschiedenen Schwimmstilen – sind weibliche Personen gezeichnet. Ansonsten scheint Sport reine Männersache.

Auch bei der zugeordneten Lektüre gibt es geschlechtsspezifische Unterschiede: Auf zwei Bildern liest jeweils ein Mann Zeitung, auf dem Titelbild ist ein Junge mit einer Zeitung in der Hand abgebildet. Ein weiterer Junge (von dem nur Unterarme und Hände erkennbar sind) liest ein Buch über *Wunder und Rätsel unserer Welt*. Das Mädchen auf dem Titelblatt dagegen liest die Zeitschrift *Radio und Fernsehen*. Auf einem andern Bild betrachten drei

Mädchen Modehefte und suchen Schnittmuster für eine Bluse. Andere Bilder von lesenden Mädchen oder Frauen kommen nicht vor. Schülerinnen und Schüler im Klassenzimmer sind dagegen nicht so einseitig und stereotyp dargestellt. Bei der Herstellung einer Zeitung sind die Jungen und Mädchen gemeinsam an der Arbeit abgebildet (S. 122 f.).
Auf einem weiteren Foto diskutiert z.B. eine Gruppe von Mädchen und Jungen vor der Klasse. Das Wort hat eindeutig ein Mädchen. Fast alle wenden sich ihr zu. Die Körpersprache der Jugendlichen ist eher geschlechtsspezifisch geprägt: Während die Mädchen aufrecht dasitzen, die Hände im Schoss, sind die Jungen in vorwiegend lockerer Sitzhaltung zu sehen: Sie sitzen mit übereinander

geschlagenen Beinen auf dem Pult oder nach vorne gebeugt auf ihren Stühlen, die Arme auf den Knien aufgestützt. Die einzige abgebildete Lehrperson ist männlich (S. 50). Insgesamt erhalten Mädchen auf den Bildern wenige Identifikationsfiguren. Auch die Jungen finden vorwiegend männlich stereotypisierte Bilder.

Mädchen plaudern, Jungen diskutieren: Stereotype Rollenbilder in Texten

Die Texte stellen in Bezug auf das Geschlecht grundsätzlich sehr stereotype Tätigkeiten, Rollen und Handlungen der Personen dar. Ebenso lassen sich in vielen Übungssätzen stereotype Rollenbilder finden:

> „Urs klagt nicht, obwohl er grosse Schmerzen hat."
> „Obwohl Heinz erkältet war, spielte er mit."
> „Christophs Schwester flüstert ängstlich."
> „Emils ewig treue Eva."
> „Ein Mann hat soeben an seinem neuen Auto einen Kratzer entdeckt."
> „Eine Dame spricht mit ihrem Schosshündchen."

Spitzfindig oder nicht? Wie sie sind, was sie tun

Welche Eigenschaften und Verhaltensweisen werden Ihrer Meinung nach eher Männern, welche Frauen zugeschrieben? Versuchen Sie die folgenden Adjektive und Tätigkeiten zu ordnen: einfallslos, stolz, neugierig, dominant, sachlich, abenteuerlich, unwissend, zornig, gepflegt, hinterlistig, frech, enttäuscht, mächtig, harmonisch, tapfer, faul, mutig, hübsch, edelmütig, schlagfertig, häuslich, interessant, sie machen sich Sorgen, sie erfinden, haben kecke Ideen, lächeln, wehren sich, fachsimpeln, entdecken, schauen zu, prügeln sich, erteilen Anweisungen, schimpfen, geben Rat, fahren Mofa, helfen, töten, verstehen etwas nicht, verhandeln, sie machen sich lustig, träumen, kritisieren, ärgern Leute, erklären, dienen

Im Buch sind Mädchen und Frauen einfallslos, neugierig, enttäuscht, hübsch, häuslich, unwissend, gepflegt, harmonisch, sie machen sich Sorgen, helfen, lächeln, verstehen etwas nicht, träumen, schauen zu und dienen.

Jungen und Männer sind sachlich, faul, hinterlistig, edelmütig, zornig, mutig, mächtig, schlagfertig, tapfer, stolz, interessant, abenteuerlich, dominant, frech, sie schimpfen, kritisieren, erteilen Anweisungen, verhandeln, wehren sich, erklären, prügeln sich, geben Rat, fahren Mofa, töten, entdecken, erfinden, machen sich lustig, fachsimpeln, ärgern Leute und haben kecke Ideen.

In mehreren Texten werden zudem Tätigkeiten von Mädchen und Jungen unterschiedlich bewertet. Hier ein Beispiel: Mädchen *plaudern* über ein Modeheft, während Jungen über einen Film *diskutieren.*

Dümmliche Mädchen und Frauen

Das Lehrmittel enthält verschiedene Texte, in denen jeweils eine Person das Nachsehen hat oder gar lächerlich gemacht wird. Dabei gibt es einige wenige Szenen, in denen männliche Personen diese Rolle innehaben, aber eine ganze Reihe von Texten, die Frauen abwerten und diskriminieren. Dazu einige Beispiele:

- Eine Dame fragt einen Psychologen an einer Party, wie er denn die Intelligenz eines Menschen teste. Dieser erklärt ihr, dass er Fragen stelle wie z.B.: „Kapitän Cook hat drei Fahrten um die Erde gemacht und ist auf einer der drei Fahrten ums Leben gekommen. Auf welcher?" Die Dame denkt nach und meint dann lächelnd: „Könnten Sie nicht ein anderes Beispiel nennen? In Geschichte bin ich nämlich nicht sehr bewandert" (S. 25).
- Eine neugierige Posthalterin öffnet heimlich die Briefe eines Mannes. Der merkt es und rächt sich an ihr, indem er sich selber einen Brief schreibt und darin die Posthalterin wie folgt betitelt: „Du Gespenst von einer Posthalterin, du langnasige Fuchtel, du neugieriges Tratschmaul, du Klapperschlange, du Hexe" usw. Die beschimpfte Posthalterin verrät sich daraufhin, indem sie ihn „anfaucht" und mit dem „furchtbarsten Blick" anschaut und ihm droht: „Ich werde Sie verklagen, Sie Lump!" (literarischer Text, S. 31).
- Zu Frauen in politischen Ämtern liefert das Buch einen erstaunlichen Beitrag: Eine junge Frau will eine Kandidatin von der Wahlliste streichen, aber ihr Vater belehrt sie eines Besseren: „Nein, die Frauen sind ohnehin zu wenig vertreten. Du hast Frau Egloff sicher auch schon gesehen. ... sie ist Filialleiterin. Schreibe ihren Namen zweimal..." So weit, so gut, nun kommt aber die Begründung: „...denn etwas Hübsches stünde dem Rat wohl an. Sie ist übrigens nicht nur hübsch, sondern auch tüchtig. Peter Hasler rühmt sie. Er kennt sie gut, denn sie ist schliesslich seine Vorgesetzte" (S. 80).
- Die folgende Geschichte macht nicht nur aus einer Mücke einen Elefanten, sondern zeichnet auch das Bild einer unselbstständigen und völlig hilflosen jungen Frau: Nachdem Doris aus der Schule gekommen war, *musste* sie einkaufen gehen, danach *befahl* ihr

die Mutter, den Salat zu rüsten. Während Doris in der Küche arbeitete, sah sie zwei Flaschen Mineralwasser und verspürte Durst. Sie trank gierig die halbe Flasche leer und als sie dies merkte, überfiel sie die „Angst vor einem Donnerwetter". Als sie die Flasche mit Leitungswasser wieder auffüllen wollte, spritzte das Wasser an die Küchendecke und Doris „stand vor Schreck gelähmt da. Sie wusste sich nicht zu helfen". Da stand plötzlich die Mutter hinter ihr und schalt sie. Sie bestrafte sie damit, dass sie beim Essen „keinen Tropfen Mineralwasser" zu trinken erhielt. Als der Vater beim Mittagessen nachfragte, „musste Doris alles gestehen und sich zum zweiten Mal schämen". Der Schluss ist genauso unwahrscheinlich wie die ganze absurde Geschichte: „...der Vater war wütend, weil er die Decke neu weisseln musste" (S. 38).

Texte, die Frauen als dumme, ungeschickte und hilflose Wesen darstellen und ihr Äusseres beurteilen, wenn es um ihre Fähigkeiten geht, sind eindeutig diskriminierend. Gravierend ist, dass in dem Lehrmittel positive Frauenfiguren kaum vorkommen.

Zaghafte Ansätze: Auch Jungen haben Angst

Die wenigen Ansätze im Buch, von traditionellen Rollenzuschreibungen abzusehen, sind rasch aufgezählt.

Zwei Texte handeln von der Unsicherheit bzw. der Angst eines Jungen:

- Ein Junge versucht seinem Vater zu erzählen, dass er beschuldigt werde, Geld in der Schule gestohlen zu haben. Er traut sich kaum, sich zu äussern, und sucht verzweifelt nach den richtigen Worten (S. 19).
- Ein Junge fährt mit einem fremden Mädchen auf dem Sessellift („eigentlich sollte Bernhard mit seinem Freund Max hinauffahren; aber der Kontrolleur hat sie getrennt"). Weil es dem Jungen unangenehm ist, die ganze Fahrt lang stumm dazusitzen,

möchte er gerne mit dem Mädchen plaudern, aber er weiss nicht so recht, wie er anfangen soll (S. 20).

Bei den paar starken und fähigen Mädchen und Frauen im Lehrmittel muss hingegen ein *Aber* hinzugefügt werden.

- Eine Schülerin absolviert eine Schnupperlehre in einem Betrieb, in dem es ihr nicht gefällt. Im Gespräch mit anderen Schnupperstiften äussert sie klar ihre Meinung (S. 6). *Aber:* Dem Kommentarbuch (S. 21) ist zu entnehmen, wie dieselbe Schülerin dem Personalchef mitteilt (Dialog ab Tonband für den Unterricht), dass sie ihre Lehre nicht in diesem Betrieb zu machen gedenke. Ihre Ausdrucksweise wird wie folgt beurteilt: „Offen und ehrlich, schlägt aber unnötig anmassenden und emotional gefärbten Ton an. Um sich derart schroffe Urteile einem Personalchef gegenüber erlauben zu dürfen, sollte sie doch wohl einige Erfahrung und Vergleichsmöglichkeiten haben." Den *richtigen* Ton wählt einer ihrer beiden Kollegen.
- Die einzige mächtige Frau im ganzen Schulbuch ist eine Königin. *Aber:* Sie ist die Hauptfigur der *Tragödie in einem Akt in sinnlosen Lauten* und wartet auf ihren Befreier. Als Identifikationsfigur für Mädchen kommt sie wohl kaum in Frage (S. 98).
- Eine Filialleiterin wird von ihrem Mitarbeiter gerühmt. *Aber:* Ihre Tüchtigkeit und ihr Aussehen werden in eine direkte Verbindung gebracht, was diskriminierend ist (S. 80).

Von einigen wenigen innovativen Ansätzen kann daher nur bei den Jungen gesprochen werden.

Eine Prise Moralin

Gemäss Kommentarbuch (S. 5) ist für die Autoren „Sprache im umfassenden Sinn gleichzeitig Bildungs- und Erziehungsfaktor". Im Lehrmittel kommen denn auch mehrere Texte vor, in denen der moralische Zeigefinger erhoben wird bzw. die Sitte und Anstand vermitteln sollen:

- Ein (literarischer) Text hat folgenden Inhalt: Ein Vater muss seinen Sohn aus der Schule nehmen, weil dieser *faul* ist. Danach besteht der Sohn die Eignungsprüfung für eine Lehrstelle in einem modernen Betrieb. Der Vater nimmt den Jungen am Abend vor dem Lehrbeginn noch einmal „ins Gebet: In der Schule hast du versagt! (...) Mach mir im Werk keine Schande!" Die Mutter bleibt die halbe Nacht auf Trab, um ihren Jungen für den ersten Tag auszurüsten. Als dieser am Morgen das Haus verlässt, steht sie am Fenster und winkt (S. 17).
- Unverhältnismässig moralisch bewertet ist die Geschichte von Susi, die trotz Verbot ihres Bruders seinen Plattenspieler benützt, wie auch das schon erwähnte Beispiel von Doris, die sich erlaubt hat, Mineralwasser zu trinken, und sich nun schämen muss und bestraft wird (S. 22 und S. 38).
- Völlig überholte, antiquierte Regeln, wie jemand einer anderen Person vorgestellt wird, füllen zwei ganze Seiten im Lehrmittel; hier eine Kostprobe: „Ein Bursche steht immer auf, wenn er sich vorstellt (...). Ein Mädchen steht nur dann auf, wenn es einer älteren Dame oder einem Ehepaar vorgestellt wird" (S. 34 f.). Die Autoren sind bei diesem Beispiel bezüglich Aktualität anderer Meinung: „Absichtlich geht es dabei nicht um eine übertriebene Freundlichkeit des Benehmens in der besseren Gesellschaft, sondern um allgemein übliche Normen beim gegenseitigen Sichvorstellen" (Kommentar, S. 47).

Bei diesen Beispielen wird deutlich, wie sehr das Buch aus heutiger Sicht veraltet ist. Es ist schwer vorstellbar, dass sich Jugendliche für die erwähnten Texte erwärmen können. Dies dürfte für Mädchen und Jungen gelten.

Klare Verhältnisse im Beruf: Frauen dienen, Männer leiten

Die Berufswelt in *Deutsch für Dich 2* ist eine Männerwelt. Im Buch sind dreimal Menschen bei der Arbeit abgebildet. Es handelt sich ausschliesslich um Männer in typischen Männerberufen.* Ein Foto zum Thema Berufswahl zeigt zwei Jungen, die sich ein Plakat für Bauberufe anschauen. Bilder von Frauen, die mit dem Thema Erwerbsarbeit zu tun haben, sind im Lehrmittel nicht zu finden.

Auch in den Texten sind erwerbstätige Frauen krass untervertreten. Im ganzen Buch finden sich 15 (19%) weibliche und 64 (81%) männliche Berufsbezeichnungen. Zudem erfolgen die Geschlechtszuweisungen der Berufe aufgrund stereotyper Rollenvorstellungen. Über die Hälfte der 15 genannten Berufe zählen zu den traditionellen Frauenberufen wie Verkäuferin, Kosmetikerin, Köchin und Näherin oder Büroangestellte. Eher atypisch sind die beiden Berufsangaben *Tiefdruckretouchierer(in)* und *Schriftsetzer(in)* in einem klein abgedruckten Inserat für eine Lehrstelle (S. 9). Frauen in leitenden Funktionen sind eine Rarität. Es kommen vor: eine Filialleiterin, eine Posthalterin, eine Gerichtsschreiberin und eine Lehrerin. Allerdings erscheint die Gerichtsschreiberin in einer Nebenrolle neben dem Richter und einem schlauen Polizisten, die Posthalterin entpuppt sich als dumme, neugierige Frau, und die Lehrerin wird nur ein einziges Mal erwähnt, nämlich als Übungsbeispiel für Silbentrennung.

---

* Kriterium für die Bezeichnung der Berufe als Männer- bzw. Frauenberufe ist die Anzahl der 1997 in Ausbildung stehenden Jugendlichen. Als typische Männerberufe gelten jene, die weniger als 30% junge Frauen in der Lehre aufweisen, entsprechend gelten Berufe, in denen über 70% der Auszubildenden Frauen sind, als typische Frauenberufe.
Vgl. Bundesamt für Statistik: Statistik der Lehrverträge, Lehrabschlussprüfungen und Berufsmaturitäten 1997, Bern 1998

Auch bei den Männern sind Stereotype die Regel. Von den 65 Berufen sind fast alle den typischen Männerberufen zuzuordnen. Eine Ausnahme macht ein (blinder) Telefonist. Der grösste Teil der Berufe gehört zum Handwerk (19), dann folgt der Medienbereich (12). 13 Berufsbezeichnungen ist zu entnehmen, dass der Mann, der den entsprechenden Beruf ausübt, sich in eine höhere Position emporgearbeitet hat. Für acht Berufe ist ein Studium erforderlich. Politik ist ebenfalls klar Männersache. Hohe Regierungsämter wie das eines Stadtpräsidenten und eines Staatsmannes sind generell männlich besetzt. Die einzige Frau mit politischen Ambitionen kandidiert erst – in der Lokalpolitik: die bereits erwähnte hübsche Frau Egloff.

Die Einseitigkeit bezieht sich auch auf die Jugendlichen selber. Sie sind ausschliesslich in heute noch geschlechtstypischen Berufen zu sehen. Von den drei Jugendlichen, die im selben Betrieb eine Schnupperlehre absolvieren, schnuppern die beiden Jungen in der Werkstatt, die junge Frau im Büro. Auch im Klassenlager, das eine Schulklasse unüblicherweise nicht in den Bergen, sondern in den PTT Zürich verbringt, wird die geschlechtsspezifische Arbeitsteilung zelebriert. Die Mädchen helfen am Schalter, auf dem Telegrafenamt und sortieren Briefe, während die Jungen „im Umgang mit Paketen ihre Muskelkraft zur Anwendung bringen können" (S. 119). Da scheint mehr als der Begriff *PTT* veraltet. Das abgedruckte Bewerbungsschreiben einer Schülerin schliesslich betrifft eine Verkäuferinnenlehre in einem Modehaus. Es gilt, als Übung ihre Fehler zu korrigieren (S. 10).

In diesem Lehrmittel gibt es keine Vorbilder, die Jugendliche zu einer unkonventionellen Berufswahl ermutigen würden. Die Ungleichheit zwischen Männern und Frauen wirkt krass, die geschlechtsspezifische Zuweisung zu Berufen wird nirgends auch nur im Ansatz kritisch beleuchtet. Die Frage, wie Berufs- und Famili-

enarbeit vereinbart werden können, wird nicht einmal für Mädchen thematisiert. Mädchen lernen mit diesem Buch, dass sie weniger und eingeschränktere Berufsmöglichkeiten haben, höhere Ausbildungen für sie kaum in Frage kommen und sie wenig bis gar keine Aufstiegschancen haben. Die jungen Frauen finden in diesem Buch kein Vorbild einer Frau, die (ohne gleichzeitige subtile Abwertung im Text) im Beruf erfolgreich und zufrieden ist.
Auch Jungen werden nicht zu einer offenen Berufswahl nach individuellen Fähigkeiten ermuntert. Allerdings sind sie in der komfortableren Situation, denn das Angebot für Jungen ist deutlich breiter und attraktiver, ein Aufstieg im Beruf scheint immerhin möglich. Das Lehrmittel diskriminiert die Mädchen eindeutig.

Attraktivere Jungenfreundschaften – Beziehungen innerhalb und ausserhalb der Familie

Im Lehrmittel werden acht Mütter und elf Väter explizit erwähnt. Väter erscheinen in drei Texten in Hauptrollen, dagegen spielt nur eine Mutter eine Hauptrolle. Alle neun Familien, die im Lehrmittel erwähnt sind, sind der traditionellen Kleinfamilie zuzurechnen, das heisst, die Familie besteht aus Mutter, Vater und mindestens einem Kind. Erwähnt wird nirgends, dass sich Mutter und Vater die Erwerbs- und Hausarbeit anders als traditionell aufteilen (könnten). Das Lehrmittel entspricht der heutigen Vielfalt der Lebensformen auch nicht ansatzweise. Aus dem Rahmen fällt einzig eine Stiefmutter – doch sie entstammt aus einem alten Märchen...
Innerhalb der Familie üben beide Elternteile eine beachtliche Palette von Handlungen aus. Dargestellt werden harmonische wie auch konfliktreiche Eltern-Kinder-Beziehungen. So ist z.B. zweimal von Eltern die Rede, die ihrem Sohn nicht erlauben, abends auszugehen, bzw. dem Kind kein Taschengeld geben. Grundsätzlich haben Väter aktivere Rollen inne als Mütter. Mütter werden

meist im Zusammenhang mit dem Haushalt erwähnt, die Interaktionen zwischen ihnen und den Kindern finden praktisch ausschliesslich zuhause statt.
Konflikte dienen nicht immer als Ausgangspunkt für inhaltliche Auseinandersetzungen und die Suche nach möglichen konstruktiven Lösungen. Der Text etwa von der Mutter, die ihre Tochter herumkommandiert, dient als Sprachübung. Es geht darum, stilistische Fehler zu erkennen, zu analysieren und „stereotype Satzkonstruktionen" zu vermeiden. Stereotype *Rollenzuweisungen* und der Umgang der Personen untereinander stehen dagegen nicht zur Diskussion.
Auch im privaten Umfeld werden den Mädchen kaum ansprechende Perspektiven und Lebensmöglichkeiten aufgezeigt. Mädchen- und Frauenfreundschaften z.B. sind nur halb so oft explizit erwähnt wie Jungen- und Männerfreundschaften. Und die beiden Geschlechter haben anscheinend ganz unterschiedliche Vorlieben. Die Aktivitäten der Jungen und Männer sind vielfältig und lustbetont: Sie wollen z.B. zusammen ein Jazzkonzert besuchen oder sie spielen in ihrer Freizeit mit einer Luftpistole. Sie gehen zusammen wandern, in einem Restaurant essen oder sie diskutieren über einen Film. Männer sehen sich gemeinsam ein Velorennen an, treiben per Post Scherze miteinander oder entdecken eine verschollene Inkastadt.
Daneben wirken die Aktivitäten der Frauen und Mädchen untereinander vergleichsweise blass und wenig attraktiv. Mädchen und Frauen bleiben auf das Häusliche beschränkt: Zwei Freundinnen schreiben Briefe, einmal einen (umstrittenen) Kettenbrief, einmal an eine andersspreachige Brieffreundin, um die Sprache zu lernen. Die plaudernden Mädchen mit den Modeheften wurden bereits erwähnt. Eine Frau erklärt (in einem Übungssatz) ihrer Freundin ein Strickmuster. Das wars dann schon.

Herausgepickt

Wenn zwei dasselbe tun – Anmerkungen zu zwei Grenzüberschreitungen

Welche unterschiedlichen Botschaften Jungen und Mädchen vermittelt werden, zeigt sich exemplarisch an zwei Situationen, in denen Kinder oder Jugendliche Verbote missachten bzw. Grenzen überschreiten.

Susi benutzt mit Freundinnen den Plattenspieler ihres Bruders, obwohl er ihr das ausdrücklich verboten hat. Mit Folgen: Der Plattenspieler funktioniert nicht mehr. Warum, bleibt offen – vermutlich weil Frauen technisch unbegabt sind. Die Frage ist nun, wie Susi ihrem Bruder begegnen könnte: So, als wüsste sie von nichts? Die Jugendlichen sollen die Szene im Rollenspiel gestalten. Es ist anzunehmen, dass die Jungen in der Klasse die Rolle des wütenden älteren Bruders spielen dürfen, während die Mädchen – schuldbewusst oder nicht – sich rechtfertigen und entschuldigen müssen. Dies ist für Mädchen eindeutig unangenehm zu spielen, für Jungen dagegen attraktiv: Sie dürfen ihre Aggression offen ausleben, sie sind im Recht. Diese ungleiche Verteilung wird durch die Wertung im Text noch akzentuiert. Die Schuldzuweisung ist klar. Der Text beginnt nämlich mit der Aussage: „Susi hat eine Dummheit gemacht" (S. 22).

Jugendlichen fällt es in diesem Alter ohnehin nicht leicht, sich in Rollenspielen zu exponieren. Rollenspiele gehen immer sehr nahe und verbinden sich nicht selten mit realen Rollen in der Klasse. Mädchen solche Spielsituationen zuzumuten, schwächt ihr Selbstbewusstsein (und ihre Stellung in der Klasse?).

Die genannte Szene ist mit dem Titel *Eine heikle Situation* überschrieben bzw. zur Erprobung empfohlen. Nun kann es bei entsprechender Sensibilität der Lehrkraft durchaus sinnvoll sein, unangenehme Situationen spielen zu lassen und gemeinsam nach konstruktiven Lösungen zu suchen. Auffallend ist, dass die übrigen Situationen unter der gleichen Überschrift *nicht* geschlechtsspezifisch formuliert sind. Die Anweisung lautet: „Ihr habt..., spielt..." usw. In den entsprechenden Rollen sind also sowohl Mädchen als auch Jungen denkbar. Zudem sind andere heikle Situationen eher Folgen von Missgeschicken und Unachtsamkeiten als von bewussten Übertretungen. Das Mädchen Susi ist also die einzige Figur, die „eine Dummheit" macht.

Wenn Jungen Grenzen überschreiten, dann hat das andere Folgen. Im Buch ist beispielsweise ein Auszug aus *Huckleberry Finn* zu lesen. Mark Twain erzählt, wie Tom und Huck der Tante mit einem Trick einen Löffel entwenden, ohne dass diese es bemerkt. Die beiden Jungen erreichen ihr Ziel und die Tante ist wütend. „Sie zitterte am ganzen Körper und war den Tränen nahe." Von Strafe und Entschuldigung ist hier nicht die Rede (S. 59).

Nun ist die Wertung in Mark Twains Text an und für sich diskutabel. Zu berücksichtigen bleibt, dass der Text vor über hundert Jahren verfasst wurde. Tatsache ist, dass die Schulbuchautoren keine literarischen Texte ausgewählt haben, die Mädchen positive und attraktive Identifikationsfiguren anbieten. Mehr noch, sie konstruieren sogar Szenen, die Mädchen abwerten und ihnen undankbare Rollen zuschieben.

Die Gegenüberstellung allein dieser beiden Beiträge illustriert: Das Buch entspricht den Standards zur Gleichstellung nicht. Es muss stellenweise sogar als frauenfeindlich eingestuft werden.

Zur Diskussion gestellt: Wie fördert ein Schulbuch Selbstbewusstsein?

Das Lehrmittel *Deutsch für Dich 2* ist ein Sprachbuch für Realschülerinnen und -schüler. Besonders schulisch weniger erfolgreiche Jugendliche leiden oft unter mangelndem Selbstwertgefühl. Deshalb muss es unter anderem Ziel des Schulunterrichtes sein, die Jugendlichen in ihrem Selbstwert zu stärken und ihnen die Möglichkeit zu geben, positive Erfahrungen zu sammeln und sich zu bestätigen. Ebenso wichtig ist es, dass Jugendliche – gerade im Zusammenhang mit der anstehenden Berufswahl – ihre Fähigkeiten einschätzen und ihre Neigungen kennen lernen. Sie müssen ein möglichst realistisches Selbstbild entwickeln und ihre Idealvorstellungen damit in Einklang bringen. Die Autoren schreiben denn auch: „Es scheint uns psychologisch wichtig, dass sich *der Schüler* beim Übertritt in die Oberstufe der von ihm geforderten Aufgabe – vielleicht erstmals – wirklich gewachsen fühlt; nur so können Selbstsicherheit und eine positive Einstellung zur geforderten sprachlichen Betätigung erreicht werden" (Kommentar, S. 6).

Und die Schülerin? Wird hier riskiert oder übersehen, dass sie womöglich eine Förderung braucht, die *nicht gleich* ist wie jene, die *dem Schüler* optimal zugute kommt? Dies nebenbei gefragt.

In mehreren Texten werten Erwachsene die Jugendlichen in Wort und Tat ab. Die unmissverständliche Botschaft dazu lautet, dass die Jugendlichen – selbst wenn sie respektlos behandelt werden – höflich zu bleiben haben. Dies vermittelt etwa die folgende Sprachübung: Gefragt sind Vergleichsformen, z.B. in folgenden Sätzen:

> „Gähne nicht so! Nur der Siebenschläfer ist noch (faul) als du."
>
> „Hör auf! Deine Bemerkungen sind heute noch (dumm) als sonst."
>
> „Kaum zu glauben, du scheinst doch (klug) zu sein, als es den Anschein macht."

Der Titel zu dieser Übung lautet lapidar: *Ein Lehrling muss viel schlucken.*

Ist es sinnvoll, Jugendliche auf eine mögliche harte Situation vorzubereiten – oder wird ihnen so der Mut für einen erfolgreichen

Anfang in der Lehre genommen? Junge Frauen haben in schulischen und beruflichen Belangen häufig ein geringeres Selbstwertgefühl als junge Männer; das Klima im Betrieb ist ihnen oft wichtiger als ihren Kollegen. Diese jungen Frauen werden sich durch solche Sätze besonders entmutigen lassen.
Wäre es da nicht angebracht – vielleicht ausgehend von solchen Sätzen? –, die jungen Frauen und Männer aufzufordern, Grenzüberschreitungen nicht einfach zu akzeptieren und allfällige Bemerkungen hinunterzuschlucken, sondern sich zu wehren? Konkret heisst das: Die Jugendlichen formulieren die Kritik neu in *wertschätzendem* Ton und diskutieren die unterschiedliche Wirkung. Anschliessend überlegen sie, wie sie als Untergebene reagieren können, wenn sie beleidigt werden. Wo werden ihre Grenzen überschritten, wo müssen sie sich wehren und wo ist es vielleicht wirklich das Beste, einmal leer zu schlucken?
Daran liesse sich sehr viel mehr lernen als nur grammatisch korrekte Vergleichsformen...

Umsetzungsideen für den Unterricht

Sprudelwasser und Fernsehen

Mit diesem Buch ist es sehr schwierig, Mädchen und Jungen in ihrer Eigenständigkeit zu unterstützen. Es verlangt von den Lehrkräften viele Eigenleistungen; Ergänzungen, Änderungen, differenzierte Problematisierungen. Wiederholt wurde darauf hingewiesen, dass viele Texte, vor allem für Mädchen und Frauen, diskriminierend sind und damit subtil ihr Selbstbewusstsein untergraben (vgl. Dümmliche Mädchen und Frauen und Klare Verhältnisse im Beruf). Für Lehrkräfte ist es sinnvoll, die entsprechenden Texte zu überspringen, denn eine stete Thematisierung der Geschlechterstereotype ist für Schülerinnen und Schüler ermüdend und bringt die Mädchen in eine Verteidigungshaltung. Am besten wäre es, auf ein anderes Buch zurückzugreifen. Dennoch sollen hier zwei mögliche Umsetzungsbeispiele exemplarisch herausgegriffen werden. Übungen und Spiele zu einer geschlechtergerechten Sprache sind unter Sprachfindig bei den Unterrichtsideen zum Schweizer Sprachbuch sieben/acht S. 118 zu finden.

Sprudelwasser: Übertreibungen erkennen und damit spielen; Klischees hinterfragen

Die seltsame Geschichte von Doris, die verbotenerweise Sprudelwasser trinkt, bis am Schluss die ganze Decke neu gestrichen werden muss (S. 38), wurde schon erzählt. Die Schülerinnen und Schüler haben dort laut Schulbuch die Aufgabe, die Form unter die Lupe zu nehmen und Fehler in Sätzen zu beanstanden. Diese Aufgabe kann ohne viel Zusatzmaterial erweitert werden:
Die Jugendlichen unterstreichen z.B. alle Wörter und Verhaltensweisen, die ihnen übertrieben scheinen. Sie diskutieren, mit welcher Absicht die Autoren wohl in der Geschichte mit Übertreibungen gearbeitet haben und wie dies auf sie als jugendliche Leserinnen und Leser wirkt. Anschliessend können sie selber Übertreibungen ausprobieren und allein oder zu zweit entsprechend absurde Geschichten verfassen.
Mögliche Themenvorschläge wären: „Aus einer Mücke einen Elefanten machen", „Und die Moral von der Geschicht..." usw. Denkbar ist auch, eine Situation vorzugeben und diese mit Übertreibungen ausschmücken zu lassen, z.B. „Peter zerbricht eine Vase". Als weitere Variante bietet sich an, zu prüfen, ob und wie sich solche Geschichten je nach Geschlecht der Hauptperson unterschiedlich entwickeln. Dafür wird einer Gruppe eine weibliche Hauptperson, einer zweiten Gruppe eine männliche vorgegeben. Anschliessend werden die Ergebnisse verglichen und allfällige Ste-

reotype problematisiert. Bei erfundenen Geschichten ist zu erwarten, dass viel Dramatik und vermutlich auch Mord und Totschlag vorkommen werden; möglicher Ausgangspunkt für weitere Diskussionen. So angeleitet können die Jugendlichen ihr Sprachbewusstsein schulen und erkennen, inwiefern eine Geschichte realistisch ist und wo auch geschlechtsspezifische Rollenzuweisungen vorkommen.

Ein anderer Ansatz wäre, der Hälfte der Klasse den (Original-)Text über Susi, der anderen Hälfte den gleichen Text mit einem Jungen in dieser Rolle zu verteilen und zu sehen, wie die Schülerinnen und Schüler darauf reagieren. Zu erwarten ist, dass die Hilflosigkeit bei einer männlichen Hauptfigur noch absurder wirkt und vor allem die Jungen heftige Ablehnung zeigen. Unterschiede in der Wahrnehmung und die Diskussion der Ursachen können eine Sensibilisierung in Bezug auf unterschiedliche Erwartungen gegenüber Mädchen und Jungen bewirken. Falls sich keine geschlechtsspezifischen Unterschiede herauskristallisieren, ist die undankbare Hauptrolle immerhin nicht nur von einem Mädchen besetzt und die Mädchen und Jungen können gemeinsam über die abstruse Geschichte lachen.

„Die Tagesschau kommt gleich" – Die Beziehung zu Vater und Mutter

In der Geschichte *Die Tagesschau kommt gleich* versucht ein Junge, seinem Vater Probleme, die ihn bedrängen, zu erzählen, doch dieser hört nicht zu, er interessiert sich nur für die Tagesschau im Fernsehen (S. 19). Der Text ist als Beispiel für das allgemeine Thema Kontaktschwierigkeiten von Menschen vorgesehen. Die Jugendlichen sollen lernen, nach den Ursachen für mangelnde Kontaktbereitschaft zu suchen. Geschlechtsspezifische Überlegungen fehlen im Kommentar. In der Geschichte ist jedoch eindrücklich dargestellt, dass für den Vater mit seiner (traditionellen) Orientierung nach aussen die angeblich wichtigen Ereignisse der Weltgeschichte im Vordergrund stehen und er unfähig oder nicht bereit ist, sich auf persönliche Probleme seines Sohnes einzulassen. Der Text eignet sich gut für eine geschlechtsspezifische Analyse von familiären Beziehungen. Die Fernsehwerbung (vor der Tagesschau) reproduziert klischeehaft das einseitige Verhalten des Vaters. (Beim Mann geht es um die schnellste Rasur der Welt, bei der Frau um eine erotische Beziehung.)

Ausgangspunkt einer Diskussion in der Klasse kann die Frage sein, wie die Jugendlichen ihre Beziehung zu Vater und Mutter erleben, zu wem sie mit Problemen gehen können, zu wem eher nicht. Inwiefern möchten sie gerne eine nähere, andere Beziehung zum Vater oder zur Mutter haben? Warum ist das nicht möglich? Was können, wollen sie verändern? usw.

Diese Themen sind zu Beginn der Adoleszenz, in der ein wichtiger Schritt zur Ablösung von den Eltern gemacht wird, für die Jugendlichen sehr aktuell und im Sinne der Persönlichkeitsentwicklung auch wichtig. Bei diesen Fragen empfiehlt es sich, zeitweise in geschlechtergetrennten Gruppen zu arbeiten – und überaus sorgfältig vorzugehen.

Ansonsten sind in diesem Buch Texte sehr selten, bei denen eine neue Fragestellung ausreicht, um anregende Diskussionen über geschlechterstereotype Zuschreibungen und die damit verbundenen Einschränkungen – oder, im Zuge davon, über Erweiterungen – zu führen. Lehrkräfte, die die Gleichstellungsstandards ernst nehmen, arbeiten besser mit einem anderen Lehrmittel.

Unterrichtsmaterialien

Alvarado Scilla, Menstruation. Arbeitsmaterialien für Mädchen und Jungen. Verlag an der Ruhr, Mülheim an der Ruhr 1994.

Arbeitsgemeinschaft Jugend und Bildung e. V., Mädchen und Jungen. Gleichberechtigt – nicht gleichgemacht. Unterrichtsprojekte, Arbeitshilfen, Übungen, Rollenspiele. Universum Verlagsanstalt, Wiesbaden 1996.

Bertschi-Kaufmann Andrea, Mädchengeschichten – Knabengeschichten. Kinder und Jugendliche im Erwachsenenbuch (Band 1). Sabe Verlag, Zürich 1995.

Bertschi-Kaufmann Andrea, Mädchengeschichten – Knabengeschichten. Mädchen und Jungen im Jugendbuch (Band 1). Sabe Verlag, Zürich 1995.

Bertschi-Kaufmann Andrea, Mädchengeschichten – Knabengeschichten. Materialien für einen differenzierenden Leseunterricht auf der Oberstufe, Begleitmaterialien, Erläuterungen, Arbeitsunterlagen. Sabe Verlag, Zürich 1995.

Berufsberatung der Stadt Zürich, Erste Berufswahl. So tief wie breit. Eine Heftreihe für Knaben im Berufswahlalter (Heft 4). Zürich 1995.

Berufsberatung der Stadt Zürich, Erste Berufswahl. So tief wie breit. Eine Heftreihe für Mädchen im Berufswahlalter (Heft 4). Zürich 1995.

Braun Gisela, Ich sag' nein. Arbeitsmaterialien gegen sexuellen Missbrauch an Mädchen und Jungen. Verlag an der Ruhr, Mülheim an der Ruhr 1992.

Büro für die Gleichstellung von Frau und Mann der Stadt Zürich, Was heisst hier pubertär! Knaben. Eine Heftreihe für Knaben im Berufswahlalter (Heft 1). Zürich 1995.

Büro für die Gleichstellung von Frau und Mann der Stadt Zürich, Was heisst hier pubertär! Mädchen. Eine Heftreihe für Mädchen im Berufswahlalter (Heft 1). Zürich 1995.

Büro für die Gleichstellung von Frau und Mann der Stadt Zürich, Abheben – Landen! Mädchen. Eine Heftreihe für Mädchen im Berufswahlalter (Heft 2). Zürich 1995.

Büro für die Gleichstellung von Frau und Mann der Stadt Zürich, Abheben – Landen! Knaben. Eine Heftreihe für Knaben im Berufswahlalter (Heft 2). Zürich 1995.

Büro für die Gleichstellung von Frau und Mann der Stadt Zürich,
Von Windeln und Windows. Knaben.
Eine Heftreihe für Knaben im Berufswahlalter (Heft 3). Zürich 1995.

Büro für die Gleichstellung von Frau und Mann der Stadt Zürich,
Von Windeln und Windows. Mädchen.
Eine Heftreihe für Mädchen im Berufswahlalter (Heft 3). Zürich 1995.

Christen Helgard, Räume, Reden, Rollenmuster. Zug um Zug.
Mädchen und Jungen – auf zu einer offenen Berufswahl (Heft 1).
Sabe Verlag, Zürich 1996.

Christen Helgard, Kinder, Küche, Karriere. Zug um Zug.
Mädchen und Jungen – auf zu einer offenen Berufswahl (Heft 2).
Sabe Verlag, Zürich 1996.

Christen Helgard, Träume, Tricks und Tatendrang. Zug um Zug.
Mädchen und Jungen – auf zu einer offenen Berufswahl (Heft 3).
Sabe Verlag, Zürich 1996.

Christen Helgard, Zug um Zug.
Mädchen und Jungen – auf zu einer offenen Berufswahl. Begleitband.
Sabe Verlag, Zürich 1996.

Dietziker Jeannette, Mädchen sind stark!
SJW Verlag, Zürich 1996.

Gehring Gisela, Wir lassen Rollen rollen.
Thema Berufs- und Geschlechterrollen in Kindergarten und Unterstufe.
Zytglogge-Verlag, Bern 1997.

Harvey Jan, Kondome quer durchs Curriculum.
Verlag an der Ruhr, Mülheim an der Ruhr 1995.

Hennies Astrid, „Ehret die Frauen".
Theaterarbeit als Medium der Auseinandersetzung mit der historischen Rolle der Frauen in unserer Gesellschaft.
Ernst Klett Schulbuch Verlag, Stuttgart 1994.

Hessisches Institut für Bildungsplanung und Schulentwicklung HIBS,
„Auferstanden aus Ruinen... – Frau Müller steht ihre Frau". Frauen in der Nachkriegszeit und in den 50er Jahren.
Materialien zum Unterricht, Sekundarstufe 1 – Heft 110,
Deutsch, Sozialkunde, Geschichte 1. Wiesbaden 1992.

Hessisches Institut für Bildungsplanung und Schulentwicklung HIBS, „Aus Kindern werden Leute – aus Mädchen werden Bräute". Frauen in der Nachkriegszeit und in den 50er Jahren. Materialien zum Unterricht, Sekundarstufe 1 – Heft 122, Deutsch, Sozialkunde, Geschichte 2. Wiesbaden 1993.

Hessisches Institut für Bildungsplanung und Schulentwicklung HIBS, „Ein Leben mit dem Ehemann... – Tradierte Rollenmuster werden konserviert". Frauen in der Nachkriegszeit und in den 50er Jahren. Materialien zum Unterricht, Sekundarstufe 1 – Heft 123, Deutsch, Sozialkunde, Geschichte 3. Wiesbaden 1993.

Hessisches Institut für Bildungsplanung und Schulentwicklung HIBS, Mädchenfreundschaften und Jungenfreundschaften. Frauen in der Nachkriegszeit und in den 50er Jahren. Materialien zum Unterricht, Sekundarstufe 1 – Heft 128, Deutsch, Sozialkunde, Geschichte 4. Wiesbaden 1994.

Jacomet Cornelia, Von Kaminfegerinnen und Kindergärtnern. Über die Gleichberechtigung von Frau und Mann. SJW Nr. 1922. Schweizerisches Jugendschriftenwerk, Zürich.

Löhr Brigitte, Frauen in der Geschichte. Grundlagen – Anregungen – Materialien für den Unterricht. Band 1: Beiträge. Tübingen 1993.

Löhr Brigitte, Frauen in der Geschichte. Grundlagen – Anregungen – Materialien für den Unterricht. Band 2: Beiträge. Tübingen 1994.

Markmann Hans-Jochen, Frauenleben im Mittelalter. Frauengeschichte in Forschung und Unterrichtspraxis. Geschichte lehren und lernen, Schriftenreihe für Forschung und Unterricht 77364. Moritz Diesterweg Verlag, Frankfurt a. Main 1993.

Ministerium für die Gleichstellung von Frau und Mann des Landes Nordrhein-Westfalen, Traumberufe. Berufswünsche. Berufe. Zwei Themeneinheiten für den berufsorientierenden Unterricht. Wir werden was wir wollen! Band 1. Düsseldorf 1991.

Ministerium für die Gleichstellung von Frau und Mann des Landes Nordrhein-Westfalen, „Arbeit? Arbeit!" Wir erkunden Arbeitssituationen in Schule, Haushalt und Betrieb. Eine Themeneinheit für den berufsorientierenden Unterricht. Wir werden was wir wollen! Band 2. Düsseldorf 1992.

Ministerium für die Gleichstellung von Frau und Mann des Landes Nordrhein-Westfalen, Energie-Elektronikerin, Malerin – Fachfrauen der Zukunft? Eine Themeneinheit für den berufsorientierenden Unterricht. Wir werden was wir wollen! Band 3. Düsseldorf 1992.

Ministerium für die Gleichstellung von Frau und Mann des Landes Nordrhein-Westfalen, „Frauenberufe" – Zukunftsberufe? Wir werden was wir wollen! Band 4. Düsseldorf 1994.

Ministerium für die Gleichstellung von Frau und Mann des Landes Nordrhein-Westfalen, Frau setzt sich durch. Drei Themeneinheiten für den berufsorientierenden Unterricht. Wir werden was wir wollen! Band 5. Düsseldorf 1994.

Ministerium für die Gleichstellung von Frau und Mann des Landes Nordrhein-Westfalen, „Meine Zukunft? Kinder und Beruf. Aber das ist eben fast unmöglich." Berufsorientierung im Spannungsfeld widersprüchlicher Lebensentwürfe. Wir werden was wir wollen! Band 6. Düsseldorf 1993.

Neutzling Rainer, Ey Mann, bei mir ist es genauso! Cartoons für Jungen – hart an der Grenze vom Leben selbst gezeichnet. Volksblatt Verlag, Köln 1992.

Salomo Monika, Alles klar?! Über Gefühle, Gefahren und Grenzen. Ein Mädchenbuch zur Prävention von sexuellem Missbrauch – mit pädagogischem Begleitheft. Köln 1994.

Sanders Pete, Lieben, lernen, lachen. Sexualerziehung für 6–12jährige. Verlag an der Ruhr, Mülheim an der Ruhr 1992.

VPOD Sektion Zürich Lehrberufe, Buben – Mädchen. Mädchen – Buben. Der Mehrjahreskalender zum Schuljahrbeginn zum Thema Koedukation. Zürich.

Wyatt Valerie, Wissenschaft für Mädchen und andere kluge Köpfe. Tessloff Verlag, Nürnberg 1996.

Adressen

Schweizerische Konferenz
der Gleichstellungsbeauftragten
c/o Fachstelle für Gleichstellung BL
Kreuzboden 1a
4410 Liestal

Eidg. Büro für die Gleichstellung
von Frau und Mann
Eigerplatz 5
3003 Bern
Fon 031/322 68 43
Fax 031/322 92 81
E-Mail ebg@ebg.admin.ch

Kantonale Fachstelle für die Gleichstellung von Frauen und Männern
Entfelderstrasse 41
5000 Aarau
Fon 062/835 12 12/11
Fax 062/835 12 19
E-Mail marianne.rueeg@ag.ch

Gleichstellungsbüro Basel-Stadt
Grenzacherstrasse 1
4058 Basel
Fon 061/267 66 81
Fax 061/267 66 80
E-Mail angelika.imhof@bs.ch

Kantonale Fachstelle für die Gleichstellung von Frauen und Männern
Postgasse 68
3000 Bern 8
Fon 031/633 75 77
Fax 031/633 75 89
E-Mail
marie-louise.barben@sta.be.ch

Fachstelle für die Gleichstellung
von Frau und Mann
Junkerngasse 56
3000 Bern 8
Fon 031/321 62 92
Fax 031/321 62 93
E-Mail gleichstellung@bern.ch

Stabsstelle für Gleichstellungsfragen
des Kantons Graubünden
Loestrasse 37
7000 Chur
Fon 081/257 35 70
Fax 081/257 20 70

Bureau de l'égalité
hommes–femmes et de la famille
Rue de Chanoines 17
1700 Fribourg
Fon 026/305 23 85
Fax 026/305 23 87

Fachstelle für Gleichstellung
von Frau und Mann
Kreuzboden 1a
4410 Liestal
Fon 061/926 82 82
Fax 061/926 82 89
E-Mail ffg@fkd.bl.ch

Büro für Gleichstellung von Frau
und Mann des Kantons Luzern
Löwengraben 14
6000 Luzern 5
Fon 041/228 67 14
Fax 041/410 02 77

Bureau de l'égalité
entre femmes et hommes
2, rue Pré d'Amédée
CP 340
1951 Sion
Fon 027/606 21 20
Fax 027/606 21 24

Fachstelle für Gleichberechtigungs-
fragen von Frau und Mann im
Kanton St. Gallen
Bleichestrasse 11
9000 St. Gallen
Fon 071/222 44 73
Fax 071/222 44 70
E-Mail glstellesg@blackpoint.ch

Beauftragte für Gleichstellung
der Stadt Winterthur
Dept. Kulturelles und Dienste
Steinberggasse 54
8402 Winterthur
Fon 052/267 62 24
Fax 052/267 62 26
E-Mail bfg@win.ch

Fachstelle für Gleichberechtigungs-
fragen des Kantons Zürich
Direktion der Justiz und des Innern
Kasernenstrasse 49
8090 Zürich
Fon 01/259 25 72
Fax 01/291 00 95
E-Mail ffg.ddi@zh.ch

Büro für Gleichstellung von Frau
und Mann der Stadt Zürich
Fraumünsterstrasse 21
8022 Zürich
Fon 01/216 37 39
Fax 01/216 37 44
E-Mail
gleichstellungsbuero@bfg.stzh.ch
www.bfgzh.ch

Gleichstellungsbüro
des Fürstentums Liechtenstein
Stabstelle der Regierung
Landesverwaltung
9490 Vaduz
Fon 075/236 60 60
Fax 075/236 65 60
E-Mail
bernadette.kubik-risch@gsb.llu.li